# 不動産投資の嘘

完全版

幻冬舎MC

# 完全版
# 不動産投資の嘘

# はじめに

アベノミクスの金融政策として2013年に導入された「量的・質的金融緩和」（異次元緩和）によって、過剰ともいえるほど銀行の融資条件が引き下げられました。そのなかで、収益不動産に対する融資も拡大――それにより、サラリーマンを中心に「不動産投資ブーム」が起こりました。これまでは資産家や地主の専売特許であった不動産投資の裾野が一気に広がって、不動産投資での成功を夢見る多くのサラリーマン投資家が誕生したのです。

本書の初版が発売されたのは、融資額が増え続けるさなかの2016年のこと。ブームが過熱していくなか、不動産業界に蔓延する「嘘」を暴きつつ、正しい不動産投資の指標を記した書籍『不動産投資の嘘』は好評を博し、重版もさせていただきました。読者の皆さまには本当に感謝しています。

しかし残念なことに、初版発売から6年経った今も「嘘」はなくなっていません。多くのサラリーマン投資家が騙されて辛酸をなめています。

例えば「この物件は、利回りが良いからおすすめです」という不動産業者が未だに散見されます。サラリーマン投資家にとって、確かに高利回り物件は魅力的ではありますが、それらの物件が必ずしもおすすめできるわけではありません。なぜなら表向きの利回りは良くても、実際には空室率が高い、修繕費がかかるといった地雷物件が多数あり、その場合、想定した利回りを得られないケースも少なくないからです。想定した利回りが得られずに赤字運営となった場合、売却したくても購入時と同じ価格では売れず「所有しても赤字、売却しても赤字」とまさに踏んだり蹴ったりの状況に陥ります。こうした嘘が依然としてまかり通っているのです。

さらには、「法人化は〝5棟10室〟以上になってからにしなさい」という嘘もなくなっていません。一概にはいえない部分もありますが、事業規模以上に投資を拡大させたいのであれば、1棟目から法人化するほうが早道です。加えて法人のほうが経費の枠も大きく、売却においても短期譲渡になるのか、長期譲渡になるのか考える必要はありません。そういったことを知らずに個人名義の物件を売却して多額の譲渡税を支払っているサラリーマン投資家も多数います。

そのほか、「大手の管理会社に任せれば安心」「不動産投資は節税になる」などという嘘も相変わらずあります。大手だからといって管理会社に丸投げしていたら空室だらけになっていたケース、所得税還付を目的にまったく利益の出ない物件を購入しているケースもあります。

ではサラリーマンは、不動産投資業界に蔓延している「嘘」に踊らされて、損をするしかないのでしょうか。

そんなことはありません。私は、全国の投資用不動産の売買を行う会社を経営し、これまで5000人以上の投資家に対して、資産形成のコンサルティングを行ってきました。なかには、業者のうまい話に騙されて失敗物件をつかまされた人も多数いますが、そういう人にも有効な手立てを示し、確実に利益を出せるようサポートしています。

その経験から断言できるのは「購入」「運営」「出口」の3つの段階において、騙されやすいポイントさえ押さえておけば、不動産投資の「嘘」に惑わされず、投資で成功できるということです。

また、本書では不動産投資において欠かせない知識として、CCR（自己資本利益率）、IRR（内部収益率）、FCR（真実の利回り）、K％（ローン定数）などの基本指標を紹介しています。さらに初版発売以来、多くの反響が寄せられたなかで、「もっと初心者向けの説明を増やして」という要望をいただきましたので、より分かりやすく解説を加えました。

本書によってサラリーマン投資家の皆さんが不動産投資の「嘘」を見破り、長期安定収入を得ることができれば、著者として望外の喜びです。

2023年3月吉日　　大村昌慶

目次

## 第2章

## 物件選びの嘘

### 「業者の〝この物件は利回りが良いのでお薦めです〟」は嘘

## 第3章 立地の嘘

### 「〝都心・駅近〟なら必ず儲かる」は嘘

［運営編］

## 第4章 賃貸経営の嘘

### 「大手の管理会社に任せれば安心」は嘘

# 第5章 法人化の嘘

## 「〝5棟10室〟になってから法人化しなさい」は嘘

# 第6章

# 税金対策の嘘

## 「不動産投資で節税できる」は嘘

［出口編］

# 第7章　出口戦略の嘘

## 「不動産はずっと持ち続けるもの」は嘘

# 第8章

## 海外投資の嘘
### 「海外不動産は儲かる」は嘘

## 第9章　嘘を見抜いた投資家がさらに資産を築くための戦略

# 序章

# 不動産投資は「嘘」で塗り固められている

ここ数年の不動産投資業界は、まさに激動の時代を迎えています。

端を発したのは、２０１８年に起こった「かぼちゃの馬車事件」です。自己資金を出さずに高利回りでシェアハウス投資ができるということで、多くの投資初心者が参入しました。

しかし、その結果は皆さんもご存じのとおりです。自己破産する人、なかには自殺にまで追い込まれる人も出ました。十分な知識がないため、ハイリスク・ハイリターンの投資に手を出してしまったのです。

かぼちゃの馬車事件は、一事業者が不正を犯していただけでなく、金融機関までもが相乗りしていたことが問題を肥大化させてしまった要因です。

当時、私のもとに「かぼちゃの馬車」の購入を検討している不動産投資家が相談に来ました。私は「絶対に取引しないほうがいい」と忠告をしました。

しかし、その人は「家賃保証が付いているから安心だ」と私の話に耳を傾けることなく、おいしい話に飛びついてしまい、結局は購入してしまったのです。

私が「リスクもありますが、大丈夫ですか？　それに運営会社が破綻したら危険ですよ」と言っても、「あれだけ大々的に広告も打っていますし、ほかに買っている人もたくさんいるので大丈夫ですよ」という反応でした。

このとき、私は思いました。根本的に大切なのは、「自分自身で判断できる本質的な知識を得ること」だと。

「〇〇スキーム」というのは時流によって変化するものであり、永続的ではありません。これは「スルガスキーム」や「一法人一物件スキーム」はもちろん、消費税還付も同じです。あれだけメリットを押し出していた非課税収入での消費税還付が令和2年10月からできなくなりました。

もちろん、消費税還付についてはこれまで「自販機」や「金売買」などで対策が取られていました。しかしそれも〝いたちごっこ〟であり、特定のスキームが有効なのは一時的に過ぎません。

流行に惑わされず投資を行うためには、本質的な知識を得て、自分自身で判断できる力が求められるのです。

また、本来不動産投資は、「ミドルリスク・ミドルリターン」の投資であるといわれます。このリスクとは、「不確実性」を指します。

ただし不確実な部分であっても、過去のデータ、将来の予測データ、しっかりとした知識のもとでシミュレーションすることによって、「ローリスク・ハイリターン」になると私は考えています。

そのために本書でしっかりとした知識を得てください。読者特典として、それをアシストするための各ツールを無料配布します。また、時代とともに変化する内容を「不動産投資の嘘」専用サイトにて随時更新、本書の質問も受け付けています。少しでも読者の皆さまのお役に立つことを願っています。どうぞご活用ください。

不動産投資の嘘　公式サイト

https://daimlar.net

【購入編】

# 第1章

## 融資の嘘

## 「高収益物件ほど融資が下りやすい」は嘘

## 高収益＝高利回り物件ほど融資が出やすい？

収益不動産を購入して、キャッシュフローを得る——多くの投資家はその目的に向かって物件を探しています。しかし、「キャッシュフローを大きく得るためには、大きな収益が必要、だから、高い利回りの物件を買わなくてはならない」というのは、ただの思い込みです。

また、高利回り物件を有利な融資を受けて購入した著名投資家の武勇伝（書籍やSNS〈ソーシャル・ネットワーキング・サービス〉、ブログなど）を見る機会があり、「自分も同じような高収益な物件が欲しい！」というのも思い込みといえるでしょう。

確かに、高い収益を生む物件に投資をすることは価値がありますし、そういった物件こそ銀行は評価をする……という見方もあるにはあります。しかし実際の融資では、高利回り物件＝融資が通りやすいという単純な法則はありません。むしろ、融資をスムーズに受けるには、あくまでも銀行の審査基準をしっかりと把握することが肝心です。物件に対しての評価はもちろん、投資家自身の属性や資産背景も重要なのです。

## 銀行が融資を出す基準を理解する

銀行から融資を受けるには、相当額の担保が必要になります。物件の担保評価は、主に積算評価法（24ページ）を用いて算出されます。

そのため積算評価の高い高利回り物件ほど、融資が出やすいと考えている人も多くいます。確かに数年前までは、積算重視でどんどん物件を買えた時期がありました。

しかし銀行によっては、積算ではなく収益還元法を採用しているところもあります。収益還元評価とは、対象となる不動産物件が生み出す収益性からその不動産投資物件の価値を査定する方法です。前項にある「高収益の物件は融資が出やすい」と思われる根拠です。

銀行は、それぞれの基準を持ちます。積算評価を重視する銀行もあれば、収益還元評価を重視する銀行もありますし、その両方を採用している銀行もあります。

両方見る場合でも、積算評価をより重視するのか、収益還元評価をより重視するのか、これも銀行によってまったく変わってくるのです。

結局のところ担保評価は市場に左右されてしまう部分も大きく、今の市場で見ると、首都圏で積算が出る物件はほとんどありません。地方に行けば積算の高い物件があるかもしれませんが、投資として見たときにその物件が良いか悪いかは別の話です。

物件評価額はあくまでも一つの指針ですから、積算であれ、収益還元であれ、「○○でなければならない」とあまり固執しないほうがいいと思います。

また、日本の建物には法定耐用年数（24ページ）というものがあります。銀行の融資期間は、法定耐用年数から築年数を引いた年数で決まってきます。アメリカの場合、購入するごとに税務的にも融資期間的にもリセットされますが、日本の場合はこの耐用年数の考えがあるため出口戦略にも影響します。

もちろん、耐用年数を超えた融資期間で貸し出す銀行はありますが、個人の場合は、信用毀損につながってしまう可能性もあるので注意が必要です。法人名義での購入の場合、これを回避することもできますので、一概に信用毀損になるという考えにも固執しないほうがいいでしょう。

例えば融資期間を耐用年数で決める銀行の場合、築35年のＲＣ物件の残耐用年数は12年です。そうなると融資期間が12年でしか組めないため、月々の返済額が大きくなり、キャッシュフローが出にくくなります。

銀行としては融資金額を下げざるを得ないと判断し、その差額分は自己資金でカバーするという形になってしまいます。いくら積算の出る高利回り物件であっても、投資として収支が合わなければ意味がありません。これは出口（売却）時にも同じことがいえ、次に購入する方が融資を組んで購入できるかどうかも重要になります。

また、銀行によって物件の評価の仕方も異なります。大きな違いとしては、積算評価か収益還元法か、そしてローンの年数は、耐用年数から築年数を引いた残存年数なのか、残存年数にプラスしてローンの年数を組めるのかどうかです。

例えば、A銀行では収益還元法での評価を主に使い耐用年数でのローン年数になるので、新築や築年数が浅い物件に評価が出ます。逆にB銀行の場合、積算評価で物件評価が出ます。耐用年数の残存年数にプラスしてローン年数を延ばせるので、築古の物件に評価が出やすかったりします。

このように、それぞれ銀行によって物件に対する評価基準が違うのです。

**【物件の積算評価の求め方】**

積算評価＝土地評価＋建物評価

土地評価は前面道路の「路線価」×土地平米数になります。

建物評価は建物面積×再調達価格×（残存年数／法定耐用年数）になります。

★路線価と再調達価格はネット検索で簡単に調べられます。

**【法定耐用年数とは？】**

木造や鉄筋など建物の構造によって、耐用年数が法令で定められています。銀行によって異なりますが、アパートローンは法定耐用年数を基準にして融資期間の長さが決まります。

**【建物の種類と法定耐用年数】**

木造　22年

S造（鉄骨造）骨格材の厚さ3㎜以下　19年

骨格材の厚さ4㎜以下　27年

骨格材の厚さ4㎜超え　34年

ＲＣ造（鉄筋コンクリート造）47年
ＳＲＣ造（鉄筋鉄骨コンクリート造）47年

## 銀行にとって望ましい投資家の属性とは？

銀行にとって好ましい属性は、まず「年収と金融資産がある」人です。年収は夫婦合算することも銀行によっては可能で、基本的には一定の世帯年収がある人を好みます。また大事なのは、「既存の借り入れ状況」です。借り入れには大きく2種類あり、一つは住宅ローン、もう一つは買い進めていくにあたっての借り入れです。後者は2棟目3棟目と増えるごとに全体の借入額も増えていきます。

例えばA銀行の場合、借入限度額はすべての借り入れも含め年収の10倍までであるため、既存で住宅ローンがある場合や、すでに1棟目を個人名義で購入して年収の10倍以上の総借り入れがある人はこの銀行を使えません。また同じように、B銀行では年収の15倍から20倍が上限であったり、C銀行では、他の借入額は問わずにC銀行のみでの借り入れ枠であったりします。

このように、それぞれ銀行によって属性に対する融資基準が違います。したがって、銀行ごとの融資基準を常に把握して、使う順番や使い方をしっかりと計画するべきです。また、同じ銀行でも時期によって審査基準はどんどん変化していくのにも注意が必要です。

とある銀行が好む属性は、年収1000万円以上の人です。購入予定の物件が1億円以内でも、年収700万円以上は必要になっています。

かつては年収500万〜600万円の人でも、3億円ぐらいまで借りることができましたが、今はかなりハードルが上がっている状態です。

年収1000万円以上の属性があれば、わざわざ金利の高い銀行で借りなくても、メガバンクや地方銀行、信用金庫など10行ぐらいはいけるのではないかと思います。仮に銀行から厳しい融資条件が出されたとしたら、他の銀行を当たってみればいいだけの話です。

また、年収が1000万円以下でも悲観する必要はありません。一定の条件が整えば、融資を受けることができる銀行もあります。物件によって使える銀行は複数あり、個人の資産背景、購入予定の物件内容によって使える銀行は変わってくるのです。

信用金庫の場合は、基本的には何かしらの取引実績がないとなかなか取り組みにくい金融機関です。また、取り扱いエリアも狭いため、お住まいのエリアや購入する物件のエリアも限定される場合もあります。

最近では、一部の信用金庫が積極的に不動産投資家に融資を行っているので、間口は以前よりも広がっていると思います。例えば、給与の振込口座を信金で開くなどして、あらかじめ取引実績をつくっておくのも有効な策でしょう。

## 銀行の種類一覧

### メガバンク、都市銀行

大都市を中心に基盤を持ち、全国に支店を持つ規模の大きい銀行です。みずほ銀行、三井住友銀行、三菱UFJ銀行、りそな銀行の4行があります。

### 第一地方銀行

地方銀行は各都道府県に本店を置いて、各地方を中心に営業している銀行です。第一地方銀行は全国に64行あり、下のサイト内にある「地方銀行リンク」のページで一覧を確認できます。

『一般社団法人 全国地方銀行協会』http://www.chiginkyo.or.jp/

### 第二地方銀行

第二地方銀行は規模が小さめで、地域住民や地元の中小企業が主な顧客です。第二地方銀行は全国に41行あり、下のサイト内にある「会員行一覧」のページで一覧を確認できます。

『一般社団法人 第二地方銀行協会』http://www.dainichiginkyo.or.jp/

### 信用金庫

信用金庫は「信用金庫法」によって設立された法人で銀行ではありません。営業エリアが地方銀行より狭くなります。信用金庫は全国に267金庫あり、下のサイト内にある「全国の信用金庫ご紹介」のページで一覧を確認できます。

『一般社団法人 全国信用金庫協会』http://www.shinkin.org/

### 政府系金融機関

政府からの出資によって特殊法人として設立された金融機関です。民間が融資しにくい中小企業などに資金を供給する役割があります。投資家が使えるのは日本政策金融公庫、商工中金です。

## 不動産業者の言うことを鵜呑みにしてはいけない

融資を受ける際に気を付けなければいけないのは「不動産業者の言葉」です。

これは融資相談を受けた投資家さんの話です。この方は年収が約１５００万円で、すでに何棟か持っていました。将来は法人でやっていきたいという希望を持っていたようですが、不動産業者から「まず個人で物件を購入して、実績をつくった後に法人を立ち上げるべき」とアドバイスを受けたそうです。

しかし、この方の最終目標は10億円規模の投資です。この目標と年収、資産背景があれば、私は「最初から法人名義で買ったほうがいい」と判断しました。

その不動産業者は経験不足で法人融資を扱ったことがないのか、それとも単純に手間と時間がかかり面倒だからなのか理由は分かりません。ただ、不動産業者側からすると、法人ではなく個人名義のほうが購入しやすいのは確かです。

例えば、A銀行には個人投資家向けのパッケージ商品があります。住宅ローンと同じような要領で融資審査も早く、非常に使いやすいローンです。これが同じA銀行でも法人名義の場合は事業性融資（プロパー融資）になるので、個人と比べて手続きや審査に時間がかかります。

もちろん、まずは個人で実績を積んでから、法人へ進めるという考え方もありますし、確かにプロパーでも個人の実績を重視する金融機関はあります。

ただし、最終的には資産と負債のバランスを見ながら融資審査を行います。いくら個人の実績があったとしても、残債が大きければ融資を受けられない可能性もあるわけです。

個人・法人どちらの名義で借りるにしても、不動産業者の話だけを鵜呑みにして金融機関を決めないことが大切です。

## 個人と法人の融資の違い

不動産投資を始めるときには、「自分の属性に対して、どの銀行が使えるのかを把握すること」も重要です。

一般的にサラリーマン投資家からすると、個人名義での融資が受けやすく、法人名義はハードルが高いようなイメージがありますが、実際のところでいえば、「個人・法人にかかわらず、銀行によって違う」ということです。

では、ここでは代表的な銀行の特徴を紹介しましょう。

いわゆる融資に積極的な銀行といわれているのがAタイプの銀行です。このタイプの銀行の場合、法人名義では借りにくいのですが、実際にはBタイプの銀行のほうがAタイプより数多くあります。

法人名義では、個人の資産管理会社と見なされるため、法人だからといってハンディがあるということではありません。ただし、この法人では不動産賃貸事業を中心で行っている必要があります。これが別の事業を行っていれば、事業用ローンといった別の扱いになります。事業用ローンでは3期分の決算書が必要となり、その内容も重要視されます。また、融資期間が10年から20年と短いケースもあります。

**【銀行による特徴の違い】**

◎Aタイプの銀行

・個人名義の融資では融資審査スピードが速く融資を受けやすいが、基本的に金利が高い。法人名義の融資では、金利が低いが、融資審査のスピードが遅く、融資を受けにくい。

◎Bタイプの銀行
・個人名義、法人名義にかかわらず、同様基準で審査を行い、金利などの条件も変わらないケースが多い。

## 絶対にしてはいけない融資のパターン

不動産投資で気を付けたいのは、業者の煽りを真に受けて、借り換えを前提にムリな融資を組んでしまうことです。

ここ最近は、「とにかく、まず1棟買いましょう!」というスピード重視の風潮が強くなっています。さほど良くもない物件がすぐ売れてしまうため、不動産業者はパッと融資を受けることができる金融機関をすすめたがります。こうしてパッケージ化されたローン商品を持っている銀行ばかりが出てくるのです。

よくありがちなのは、物件の買い付けが殺到しているなかで「○○銀行でないと間に合わない」と不動産業者から煽られるパターンです。金利が高いので躊躇していると、「何年かしたら借り換えればいいんですよ」という決まり文句で後押ししてきます。

これは初心者の投資家が陥りやすい「嘘」です。本来の目的＝お金を増やすことを忘れてしまい、気が付くと「買うことだけ」が目的になっている悪いパターンです。

## 自分に合った銀行とは？

キャッシュで物件購入できるほど多くの資産を持っていない限り、不動産投資を始める際に最も気になるのは融資です。

**①自分の属性が銀行から見て、どのように位置付けられているのか。**

**②いくらの自己資金が必要で、いくらまで借りられるのか。**

この２つを常に意識することが重要です。

①に関して言えば、一番おすすめなのは直接銀行に行って融資基準を聞きながら、自分の属性を確認することです。

私のお客さまに4年間で数十億円の規模の不動産投資をしている方がいます。外資系企業に勤めている高収入のサラリーマンなのですが、お昼休みになると必ず銀行へ面談に行き、どんどん自分で開拓していました。融資に関しては、不動産業者よりも精通されていました。

ただ、ここまでできる人は限られています。

一般的なサラリーマンであれば、なかなかお昼休みの時間もないでしょうし、それなりに行動力が必要とされるので、同じことをするというのはハードルが高いと思います。そうなってくると、やはり知識を持っている人に聞くのが早いでしょう。

融資の知識を多く持っているのは不動産業者と、経験豊富な投資家です。とはいえ、誰か一人の話を鵜呑みにするのは危険です。特に不動産業者の場合は、複数の会社についてリサーチすべきです。

リサーチをする方法は、まずホームページなどで投資向けローン商品を確認して、目ぼしい銀行をピックアップします。そして、不動産業者や投資家から各銀行の特徴や審査基準などを聞いてリストをつくっていきます。そうすることで自分に一番適した銀行はどこなのか、おおよそは把握できると思います。

不動産投資というのは物件を買うことよりも、事前にしっかりとした市場調査とシミュレーションをして、融資の戦略を練ることが重要です。マーケットを見極める力を身につけた上で、自ら物件や銀行を選ぶということを肝に銘じておきましょう。

## 借りる順番も大切。銀行の選び方

物件を買い進めていくためには、将来を見据えた銀行選びをしなければいけません。最新の銀行情報を入手した後は、自分の属性や購入予定の物件によって、どの銀行が使えるのかを確認します。

銀行にはそれぞれ一定の融資条件が設定されており、年収や物件エリアなどが決まっているケースも多いです。自分がその条件に合わない場合は、新たに別の銀行を探していきます。

銀行選びで大切なのは、自分が将来的にどのぐらいの事業規模を目指しているのかということです。不動産投資はより少ない資金で、レバレッジをかけながら資産を増やすことが特長です。

例えば、A銀行の融資可能額は、他の借り入れを含めて年収の10倍までと決まっています。仮に年収1000万円の人が、1棟目でB銀行から1億円の個人融資を受けているとします。そうすると、2棟目でA銀行を使うことはできなくなります。

逆にC銀行の場合は、ほかの借り入れがあっても関係ありませんが、その銀行内での上限額があります。法人名義であれば、また別の基準があります。

このようにそれぞれ銀行によって違いがあるため、最初にどの銀行で融資を受けるのか順番も考えなければいけないのです。ただし、いくつかある法人スキームを行う場合では、この順番を無視するやり方もあります。

特定の不動産業者の話だけに囚われてはいけません。また、有名投資家の手法に固執することもおすすめしません。

とにかく自分に即した情報を集めることです。本当に失敗したくないのであれば、やはりそこまで徹底するべきだと思います。

## コネクションを活用して有利な融資条件を引き出す

融資において有利な条件というのは、単純に金利が低いということだけではありません。融資期間や融資額の上限、頭金（自己資金）の有無などさまざまな項目があります。

その人の資産バランスや購入する物件によって、どういった条件の組み合わせがベストなのかを判断していきます。

まずは自分である程度の融資状況を把握した段階で、信頼できる不動産業者と組むのがいいと思います。販売実績のある不動産業者であれば、すでに提携している銀行があったり、担当者レベルで強力なコネクションを持っていることもあります。

ちなみに当社では、いくつかの銀行と提携しています。通常の金利基準から最大で1%金利が下がる銀行もあります。不動産業者ごとに持っている銀行のパイプは違いますが、最善の選択ができるように動いてくれる不動産業者とタッグを組みましょう。

## 融資に強い不動産業者の見分け方

融資に強い不動産業者の見分け方は、直接会って話してみるしかありません。

不動産業者と話をしたときに、どれだけの数の銀行名が出てくるかがポイントです。1行しか提案してこないような場合は、いっそ取引をやめたほうがいいかもしれません。

私のお客さまの例です。数年ほど前にご相談に来られましたが、当初A銀行から個人名義にて4棟購入しており、総借入額は約5億円でした。その方はさらに購入を進めていきたかったのですが、どこの銀行も貸してくれないというご相談でした。

**不動産投資の仕組み　組み合わせと順番が大事**

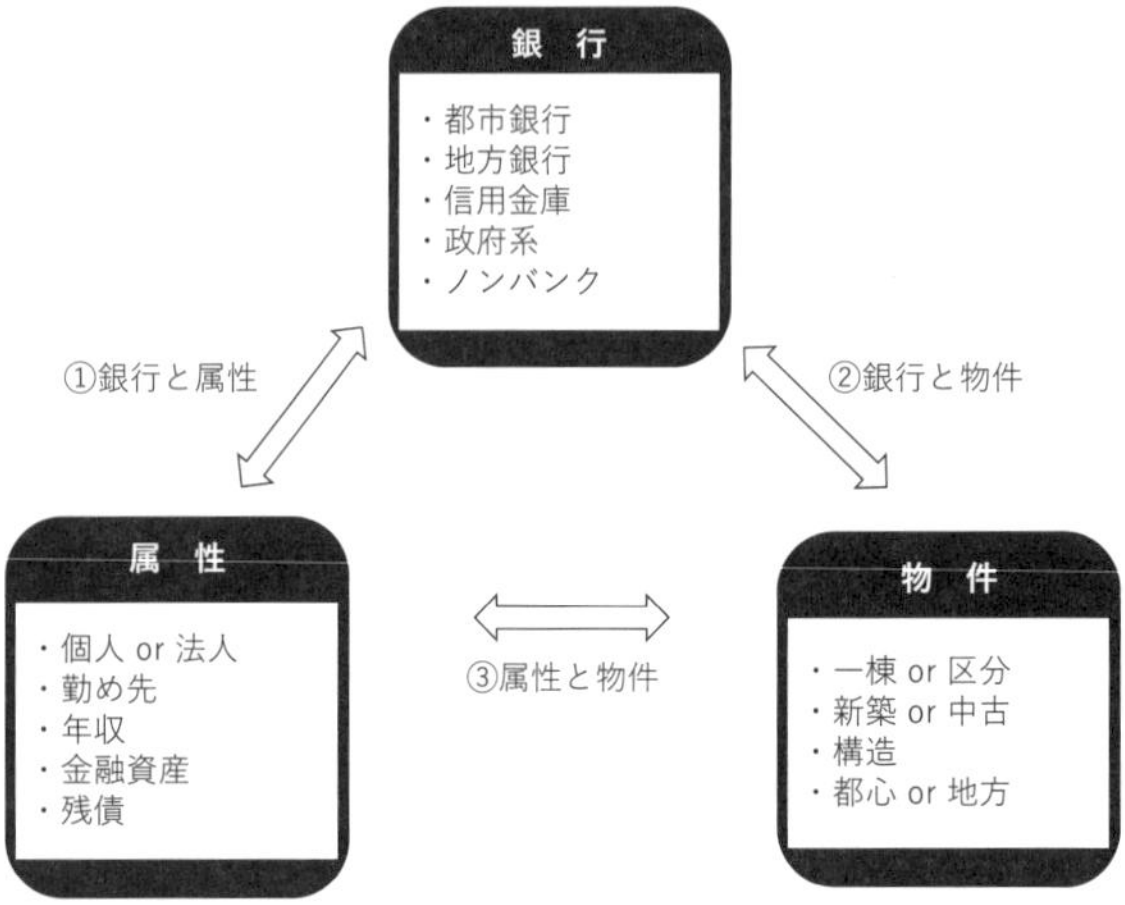


この人は年収も高く金融資産も持っており、かつ目標としている投資規模も大きかったため、法人での購入を提案しました。そのためには個人名義で所有している物件をすべて売却しなくてはいけなかったのですが、時期的なこともあり、うまく売り抜けることができました。

それから、この人に適した銀行の使い方をして、最近では20億円ほどの規模になっており、今でも拡大しています。

最初からこの不動産投資の仕組みを理解していればと当初は言っておられましたが、うまくリカバリーできたことに満足していただいています。

不動産投資の仕組みは、「①銀行と属性」「②銀行と物件」「③属性と物件」とトライアン

**不動産投資の仕組み　銀行の優先度**

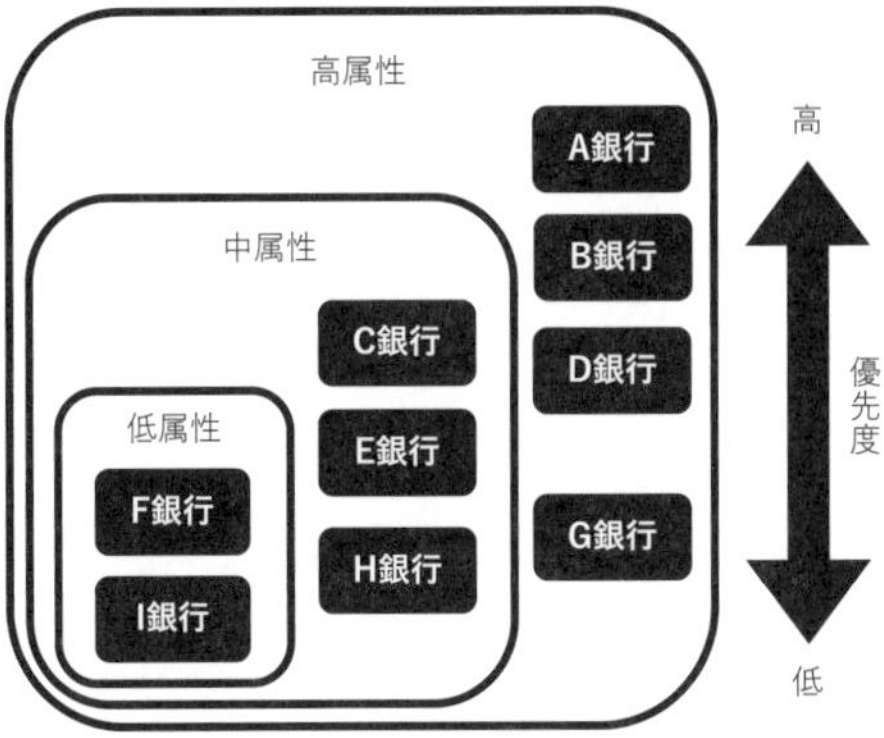


高属性の方：A→B→C→D→E・・・と打診していく
中属性の方：C→E→F→H→I・・・と打診していく

グルのようなバランス関係にあります（右ページの図を参照）。この3つ（属性・銀行・物件）の組み合わせと順番の戦略を立てることが重要です。特に銀行は例えるなら「カード（手札）」であり、どのカードが手元にありどの順番で使えば効果的かを考えましょう。この不動産投資の仕組みを理解していると、融資を理解している業者かどうかの見分けができるでしょう。

## ●「①銀行と属性」の関係

属性では、「年収」「残債」「金融資産」を確認して、そこから使える銀行が大枠で定まってきます。また、法人名義か個人名義かでも使える銀行が絞られてきます。法人名義で使える銀行が多い場合、その銀行に対して法人を設立して買い進めることが規模拡大のキーとなり、法人でなく個人で買い進めるケースでは、どの銀行から融資を受けるべきかという順番が重要です（前ページの図を参照）。理由は先述したように銀行ごとに融資基準が違うためです。

法人名義で購入する場合、やり方はいくつかあります。手法によっては多くの物件をスムーズに購入することが可能ですが、賛否両論があるため、詳細は割愛します。

いずれにしても、資産の組み換えのしやすさ、節税などを考えると、個人名義ではなく法人名義での購入が不動産投資においては好相性だと思います。

ただし、個人属性によっては、法人名義で使える銀行が限られてしまうケースもあります。その場合は、個人名義を選択します。

## ●「②銀行と物件」の関係

先述したとおり、銀行によって物件評価が変わるため、各銀行に適した物件選びを行います。

物件の種別には大きく分けて、「一棟 or 区分」「新築 or 中古」「木造 or 鉄骨 or 鉄筋コンクリート（RC）」「都心 or 地方」の組み合わせの種別があり、選択した銀行の物件評価方法からどの種別がいいかを選択し、その物件種別のなかで一番良い物件を探していきます。

## 物件種別ごとのメリット・デメリット

### 一棟or区分

| 一棟 | 区分 |
|---|---|
| **メリット** | **メリット** |
| ●担保評価が出やすい<br>●出口戦略の方法がいろいろある<br>●運営費比率が区分に比べて低い<br>●自販機などの雑収入がある | ●修繕費用は積立金があり、一度には発生しない<br>●価格帯が低い<br>●一棟と比べると好立地の場合が多い |
| **デメリット** | **デメリット** |
| ●修繕の費用がかかる<br>●立地条件が区分より劣る場合が多い | ●担保評価が低い<br>●出口が基本的には中古での売却のみ<br>●雑収入がない |

### 都心or地方

| 都心 | 地方 |
|---|---|
| **メリット** | **メリット** |
| ●空室リスクが低い場合が多い<br>●賃料の下落率が低い場合が多い<br>●賃料水準が高く、修繕費等の負担率が低い<br>●部屋の面積が狭くても需要がある<br>●入居者のバリエーションが多い<br>●土地の価値が高い | ●利回りが高い<br>●積算評価が出やすい<br>●価格帯が低い |
| **デメリット** | **デメリット** |
| ●利回りが低い<br>●ある程度の自己資金が必要な場合がある | ●空室リスクが高い場合がある<br>●賃料の下落率が高い場合がある<br>●賃料水準が低く、修繕費の負担率が高い<br>●土地の価値が低い<br>●需要と供給のバランスや人口などをしっかり調べる必要がある |

## 新築or中古

| 新築 | 中古 |
|---|---|
| **メリット** | **メリット** |
| ●ローンの期間が長い<br>●建物減価償却期間が長いので長期にわたって償却可能<br>●当初の賃料設定では新築プレミアム（相場より高い）の賃料設定<br>●修繕などのランニングコストが低い<br>●10年保証 | ●家賃の下落が止まっている（適切な保守が必要）<br>●一度の減価償却費が高い<br>●リフォームによる差別化ができる可能性がある（資本改善） |
| **デメリット** | **デメリット** |
| ●賃料の下落を考慮しなければならない（中古以上の家賃）<br>●低い積算評価<br>●一度の減価償却費が低い | ●ローン期間が短い場合が多い<br>●減価償却期間が短い<br>●賃料が低水準<br>●ランニングコストが高い場合が多い |

よく失敗する例としては、物件から入ってしまうパターンです。地方の高利回りの築古RCマンション等が好例ですが、その物件に対して融資をつけられる銀行は限られてくるため、融資の順番などの戦略が無視された買い方になります（38ページの図を参照）。

### ●「③属性と物件」の関係

物件種別はさまざまですが、どの種別が良いというものではなく、それぞれにメリット・デメリットがあるため、いろいろな種別の物件でポートフォリオを組むことをおすすめします。

## 構造

### RC　耐用年数47年

| メリット | デメリット |
| --- | --- |
| ●構造的に長期にわたって運用できる(災害にも強い)<br>●減価償却期間が長い<br>●木造より賃料水準が高い<br>●耐用年数が長いため出口がとりやすい場合が多い | ●建築コストやメンテナンス費用が高い<br>●償却期間が長いので一度の償却費が低い<br>●出口での建物解体費が高い |

### 鉄骨　耐用年数34年

| メリット | デメリット |
| --- | --- |
| ●木造より耐用年数が長い<br>●木造より減価償却期間が長い<br>●木造より賃料水準が高い | ●建築コストやメンテナンス費用が高い<br>●償却期間が長いので一度の償却費が低い<br>●出口での建物解体費が高い |

### 木造　耐用年数22年

| メリット | デメリット |
| --- | --- |
| ●改築、建て替えがしやすい<br>●建築コストやメンテナンス費用が低い | ●運用期間が短い<br>●賃料水準が低い<br>●評価が出にくい<br>●新築以外融資期間が短い |

ただ、「新築区分マンション」という物件種別では、投資として合わないケースがほとんどのため、注意が必要です。もちろん、出口でキャピタルが出て最終的に資産を増やしたケースもありますが、それはレアケースで投資としては成り立たないケースが多いのです。

また、節税部分を考慮してシミュレーションして出口まで見ても合いません。むしろ購入しなかったほうがいいことが多いので、しっかりと出口まで見て投資をするかどうかを決めましょう（新築区分マンション以外の物件種別であればどれもメリット・デメリットがあり、どれがベストというものはないので、いろいろな種別を購入していく考えも持ち、使う銀行の物件評価の基準に合わせて探していくのが好ましい。41ページの図を参照）。

投資の基本――「同じ籠に卵を入れるな」を実践することです。投資の基本である分散投資は不動産投資でも同様です。

きちんとした不動産業者であれば、まず年収と自己資金、住宅ローンや既存の投資物件の借り入れがどれだけあるか確認して、数ある金融機関のなかでどういう銀行が使えるかを検討した上で、必ず複数の銀行は提案できるものです。それができない不動産業者とは付き合うべきではないと考えます。

## レジデンス（住居系）以外の物件の種別

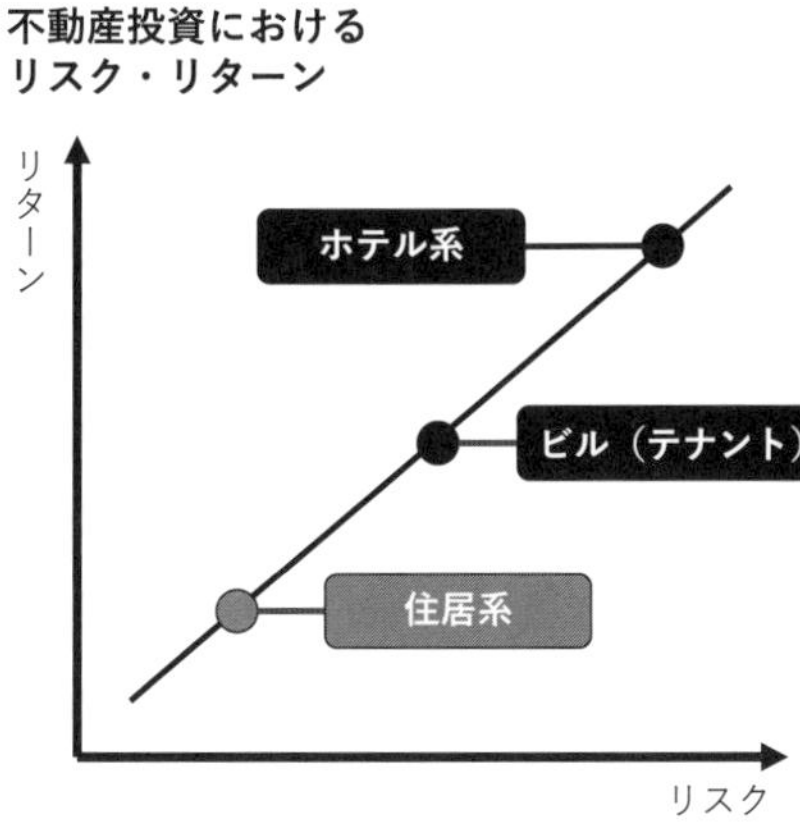


レジデンス（住居系）の不動産投資から始めて、ホテル、ビル（テナント）といった事業系の不動産投資を組み合わせることで、より収益率を上げて事業として拡大することができます。ただし、ホテルやテナントは今回の新型コロナウイルスでも大きく影響を受けています。つまり、リターンが大きくなる代わりにリスク（不確実性）も大きくなるのです。

# 第2章

# 物件選びの嘘

## 「業者の〝この物件は利回りが良いのでお薦めです〟」は嘘

## 高利回りの嘘

利回りが良いので購入したが、蓋を開ければ空室だらけ。高利回りは嘘だった――そんな話をよく耳にします。

最近では、地主向けではなくて投資家向けの新築アパートも人気がありますが、そういった新築メーカーの収支シミュレーションには、やや甘い部分があります。

まず、家賃設定自体を高くして、表面利回りを上げています。新築の場合は、当然ながら全空で、誰も入居していないので家賃をいくらでも高くいえるのです。

また、実際に高くしても、1回目でしたら新築プレミアムがあるので満室になる可能性があります。新築物件には「未入居の新築の部屋に住みたい」という一定のニーズがあり、多少相場よりも高い家賃であっても、新築だからというだけで入居が付きます。

しかし一度でも入居したら、それは中古物件です。新築プレミアムは長くは続きません。

最悪のケースでは、竣工して募集したところ、その家賃ではなかなか入居者が付かずに、「結局家賃を下げざるを得なかった」という話もあります。

事前の説明で「〇%の利回りが見込める」と聞いていたのが、蓋を開けたら〇%よりも低い△％を切っていた――そんなことも起こっています。

長期的にはその高い家賃は見込めないにもかかわらず、見込みが甘い数値を見せて、投資家もそれを信じて買ってしまう。それは嘘ではないかもしれませんが、言葉どおりに受け取ってはいけないことではあります。

地方の中古一棟物件でよく聞くのは、高利回りに見えて、修繕費やランニングコストがすごくかかるケースです。修繕費はどの物件にもかかるもので、中古物件では必ず起こり得るリスクですが、購入してすぐに給水ポンプ、エレベーターといった高額な設備が壊れたら悲惨です。

また、ファミリー物件では長期入居していた入居者が退去となると、居室が広いこともあり、多額の原状回復費用がかかります。もし、数室が続けて退去してしまえば、数百万円のリフォーム費用がかかることもあります。

しかも、直さなければ次の募集ができませんから、その資金繰りは急を要するのです。このように想定外の出費が続くことで収益を圧迫します。

積算評価が高い物件は固定資産税・都市計画税が高く、エレベーターが付いている物件は電気代や保守点検費用が高いものです。それらのコストを差し引いたＮＯＩ（営業純利益）で計算した利回りＦＣＲが「真実の利回り」となります。

物件を判断する利回りは、表面利回りではありません。真実の利回りであるＦＣＲで判断するようにしましょう。「表面利回り」「真実の利回り」の詳しい情報は後述します。

## 業者のつく「嘘」とは

このような話をすると、不動産業界は嘘ばかりと思うかもしれませんが、実は不動産業界において明らかな嘘、騙しというのは、さほど多くありません。

例えば、物件の瑕疵（重大な欠陥）を秘密にしていたりするのは嘘ではなく犯罪です。不動産取引のルールは法律で定められていますから、調査を怠るのも業法違反になるわけです。つまり、嘘で終わるレベルではなく、法を犯すことになってしまいます。

売買仲介の業者は、手数料をいただいて仲介業務を行っているわけで、その調査がいい加減であってはいけないのです。業法違反のような特殊な事例を除けば「嘘」は、そんなに多くないような気がします。嘘というよりは、「真実を言わない」という言い方のほうが正しいのかもしれません。

前述した新築区分マンションは、節税している部分を考慮してもトータルの収支としては不動産投資として成り立たない場合が多いです。

高所得のサラリーマンや医師や弁護士といった方が、不動産で出たマイナスで還付金を受け取るのは、不動産投資の儲けではなくて、あくまで税金が戻ってきたという話です。

それを指して「儲かります」というのは、明らかな嘘です。スナップショット（単年）で見れば、節税ができていても、新築区分マンションは値下がり幅が大きく最終的には損をする可能性が高いため、ビデオ（出口までの通年）で出口まで見ていくとマイナスになる可能性が高いです。

そのほか、「見込みが甘い」というのは、ありがちなケースです。新築区分マンションでいえば、利回りの根拠となっているシミュレーションが甘いように思います。

区分マンションでは必ずかかる経費、管理費・修繕積立費を計算しないのは、いい加減すぎますが、固定資産税・都市計画税・不動産取得税などを入れずに計算している業者は多くいます。

また、地主さん向けの大手アパートメーカーでも多いのですが、収支シミュレーションで家賃が30年経ってもまったく下落しない設定になっていることもあります。

新築物件の家賃は相場家賃より高く設定されるのが一般的で、新築家賃は入居者が入れ替われば、下がっていくものです。ましてや、新築・築10年・築20年・築30年のアパートが同じ賃料で貸し出せるのは、まったくもって現実的ではありません。

エリアによって需要と供給のバランスが変わり、下落率も同様です。現在の募集条件と過去の成約事例といったデータを見れば、ある程度の下落率が分かります。

30年もの間、ずっと同じ新築家賃で入るようなシミュレーションで立てる業者というのは、見込みが甘すぎます。

こういった業者に都合のいいシミュレーションを信じた地主さんが、後に収支が合わなくなった結果、持ち続けられなくなって売却するケースはよくあることで、そういった物件を投資家が購入しているという現実があります。

## いくら高利回り物件でも支出が多ければ赤字になる

さらに積算評価が高くて融資を受けられたという物件にありがちなのは、固定資産税・都市計画税（以下、固都税）が高いということです。

税金は必ずかかってくるもので、常識といっていい部分です。本来であれば、仲介業者がそれを教えるべきなのですが、物件資料を見せてもらうと、結構、固都税については書かれていないものがあります。

特に固定資産税というのは、地方の大型物件のほうが高い場合があります。なかには、その物件の収益の1カ月分以上になることがあります。

不動産取得税などの話も、しっかり説明していない不動産業者もいるようです。不動産取得税というのは、不動産を買ったときに払う税金ですが、それは購入時にかかるのではなくて、3〜4カ月後といったタイムラグがあって請求があります。この存在を知らない方もいるので購入時に伝えるべきですが、想定していない人も多く、後から慌てる人も少なくありません。

いくら高利回りで多くの家賃収入を得られても、それを上回る出費があれば意味がありません。このように高利回りであっても、儲からない物件は存在します。

不動産業者が「この物件は高利回りでお薦めです」という場合では、その家賃が適正なのか、また想定外の出費がないか、物件を維持するためのランニングコストが高額でないか、税金はどれくらいかかるか、しっかり見極める必要があります。

## 利回り30%でも赤字を垂れ流す物件

不動産投資家にとって、利回りは大きな指標です。「利回り10%の物件が欲しい」といった希望をよく聞きます。

利回りが高ければ、多少の難点は目をつぶる——そんな投資家もいるでしょうが、私は利回りだけに囚われるのは危険だと考えます。

これも勉強している投資家であれば引っかからないと思うのですが、区分マンションには管理費・修繕費・積立費などの経費がかかります。地方の区分マンションでは、100万円を切るぐらいの安さで、表面利回りが30%くらい出る物件も見かけます。

ところが、蓋を開けてみると、管理費・修繕費・積立費などのほうが明らかに高くて、それを収支に入れると、毎月マイナスが出てしまうケースもあるのです。

地方では家賃が安すぎてしまい、家賃よりも管理費、積立費のほうが高いケースも多いのです。だから本当に「タダでもいらない」物件になっています。

また、「こんなに安く購入できる!」とテレビで話題になるような、スキー場や温泉地にあるリゾートマンション物件には、100万円、200万円といった、信じられないくらい安いものがあります。

しかし、よく確認してみれば温泉の権利や管理費が極端に高く、毎月管理費で5万円以上もかかる物件もあります。

賃貸に出しても、家賃よりも管理費が高いですし、別荘として持っていて毎月それだけの維持費がかかるなら、そのお金でさまざまな旅館に泊まったほうがよほど楽しいでしょう。つまり、これも「タダでもいらない」物件なのです。

ランニングコストというのは、家賃のうちの結構な割合を占めてきますので、それを計算に入れていないと、本当の赤字物件になってしまいます。

そういったことは、もちろん投資家自身もしっかり把握する必要がありますが、売買仲介する不動産業者がしっかり提示するべきです。

購入を煽ることばかりを言って、諸費用・月々の固定費用について、しっかり説明しない業者であれば、そこは「嘘つき」とはいわないまでも良い業者ではありません。

ですので、前述の表面利回りではなくFCR（真実の利回り）で物件を判断することをおすすめします。

## 不動産投資の指標

不動産投資で稼ぐ仕組みを考えた場合、やはり一番大事なのは、ＮＯＩ（営業純利益）です。

１年分の満室賃料を、物件価格で割った表面利回りで紹介する業者が圧倒的に多いのですが、実際の収益は、その物件によって違いますから、やはりきちんとシミュレーションする必要があります（ＦＣＲについての概要は58ページを参照）。

ＦＣＲはかかるコストすべてを差し引いて計算した最終的な利回りのことを指します。日本の不動産投資の場合、数あるポータルサイトやそこに掲載されている広告では、表面利回りが掲載されていますが、アメリカなどではＦＣＲで書くのが通常ですし、本当はそれが正しいやり方だと私は思います。

本来、ＦＣＲには諸費用も含まれます。例えば、売主から直接物件を買うと、仲介手数料は発生しません。逆に仲介会社が入っていると仲介手数料がかかります。

ただ、それはどちらが良い・悪いというわけではありません。それを入れた価格をＮＯＩで割ったＦＣＲから判断することが大事です。ですから売主から直接買ったほうが割安とは必ずしもいえないのです。

実際、当社が物件を買う場合でも、3%プラス業務報酬料という形で6%支払うこともあります。ただこれは、事業計画に入れ込んで収支が合えば、という話です。仲介手数料ではなく業務報酬料として、別枠で契約するので宅建業法違反にはなりません。

6%で購入すると当然コストは上がりますが、安い物件なら問題はないわけです。したがって真実の利回りとは、より正確にいうと「NOI÷物件価格」ではなく、「物件取得価格を含めた値で割り戻す」ことで導き出されるのです。


最終的な収益を計算するためには、まず空室・未回収損を引いて、そして物件によってかかってくるOpex(運営費)も引きます。物件によってそれぞれ違いがあれど、運営費用は必ずかかるものです。

ランニングコストの詳細は、区分マンションであれば、管理費・修繕積立費があります。地方の高積算物件であれば、固定資産税が高くなりがちです。また地方では、草むしりなど管理維持コストも、面積が広いとその分高額になります。

また、つい忘れがちなのが、共有部分にかかるコストです。大きな物件であれば、決して馬鹿にできない金額になります。例えば、共用部分の電気代・水道代、清掃費、消防設

## 表面利回りとは?

表面利回りとは、満室時の年間家賃収入を物件の購入価格で割ったもので、この数字から投資の収益性を判断します。

**GPI(年間満室賃料)÷ 物件の購入価格 × 100 = 表面利回り**

## FCR(真実の利回り)とは?

FCR(真実の利回り)はNOI(営業純利益)を諸費用を入れた購入価格で計算し、正しい収益性で判断します。

**NOI(営業純利益) ÷ (物件の購入価格 + 諸費用) × 100 =**
**FCR(真実の利回り)**

※FCRは第3章で詳しく説明します

## キャッシュフローツリー

GPI(年間満室賃料)
－空室・未回収損

＝EGI(実効総収入)
－Opex(運営費)

＝NOI(営業純利益)
－ADS(年間ローン返済額)

＝BTCF(Before Tax Cash Flow／税引き前のキャッシュフロー)
－TAX(税金)※
＝ATCF(After Tax Cash Flow／税引き後のキャッシュフロー)

※TAX(税金)の計算
NOI
－金利
－減価償却
＝課税所得
×実効税率
＝TAX

※Opex(運営費)の例
管理会社の管理料、
共用部分の電気代、
水道代、
各種保守点検費用、
固定資産税、
都市計画税など

備点検費用などです。先ほど例に出した、区分マンションの修繕積立費、管理費などというのも運営費です。

また、RCの場合、ランニングコストが大きいのはエレベーターです。エレベーターは付いているだけでも電気代がかかりますし、保守点検費用も必要になります。

このように運営費は、物件の種別や築年数によってさまざまです。こういった費用について、きちんと調査を行っていない業者も多いので注意が必要です。

逆に共有部がなければ安くなるため、貸家などは費用が抑えられます。ほかにコストが低いのは新築物件です。また、すべてが新品ですから修繕費もしばらくはかかってきません。

結局のところ、表面利回りだけで高利回りであっても、あまり意味はありません。実際の収益は何%なのかというところで判断して、物件を選択していくことです。

では、なぜ「表面利回り」という数値が存在しているのかというと、単に指標として分かりやすいからです。もちろん必要な指標ではあります。

また、運営費の部分を、「全体の何割」というように一律で考えて計算している投資家さんも多いようです。

運営費については、不動産会社が提示していないパターンが多いので、そうせざるを得ないのかもしれませんが、実際は物件による差が大きいので、あくまでも目安にしかなりません。

当社では、すべての運営経費を調べてからシミュレーションをつくって、正確な金額をご提案していますが、そこまで試算を行う業者というのは、全体の3割くらいだと思います。多くの業者は、表面利回りと、銀行のローンの支払いくらいしか入れていないはずです。

## そもそもキャッシュフローとは何か

何をもって「キャッシュフロー」とするのでしょうか。本来、不動産投資の指標では明確にされていますが、不動産業者や有名投資家によっては間違った説明をしています。業者によっては、経費が全部抜けた計算（満室賃料－ローン返済額）で出した「キャッシュフロー」をいっている場合も多く、それを鵜呑みにしていると、実際はそんなに残らないということが起こります。その結果、「こんなはずではなかった」となるのです。

正式にいうと、先ほど紹介したＮＯＩ（営業純利益）からローン返済額を差し引いた後に残った金額が、ＢＴＣＦ、つまり税引き前のキャッシュフローです。

このように業者が口にするキャッシュフローと実際のキャッシュフローには差があります。ただそれは、営業マンが知らなかっただけかもしれませんし、騙されたといえるのかどうかは難しいところです。

このように、しっかり突き詰めて計算すると、表向き高収益、高利回りに見えても、本当は高利回りではない物件はたくさんあります。それも、全物件種別においていえます。

また、税金に関しても、試算しない業者が多いです。

先ほど、キャッシュフローとは何かを説明しましたが、キャッシュフローには2種類あります。税引き前のキャッシュフローなのか、税引き後のキャッシュフローなのか。

もし個人で買うのであれば、税率は人によって違います。また、法人も法人の規模（家賃収入等）によって変わってきます。

私の場合は、税引き前で判断して、税引き後でもう一度考えるということをしています。

**売買仲介の仕組み**

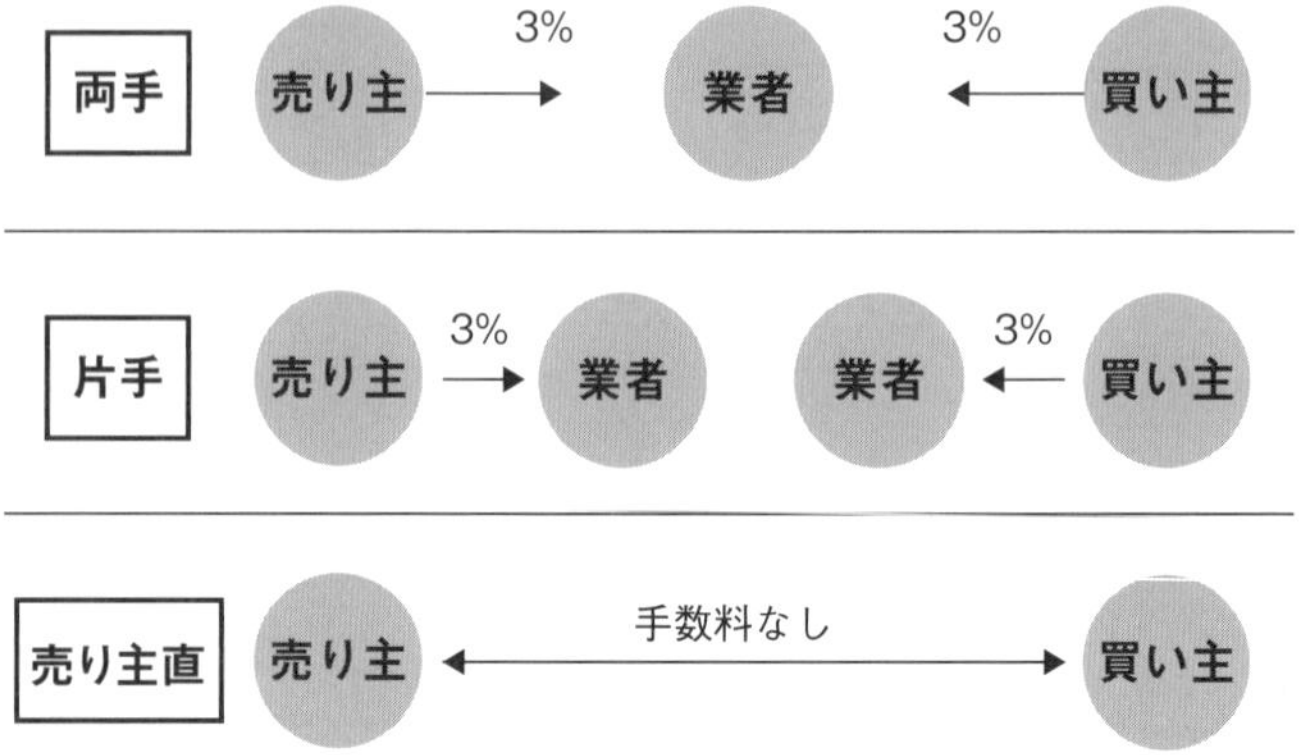


後述するＣＰＭ®（米国不動産経営管理士）、ＣＩＭ®（米国認定不動産投資顧問）の資格を持っている人でしたら、ここまではやっていると思います。

キャッシュフローツリーを使って、物件のお金の流れを把握して、ＮＯＩ（営業純利益）まで算出できれば、正確なＦＣＲも割り出すことが可能となります。

## 大手不動産業者だから「安心」ということはない

実際のところ、「どんな不動産業者と付き合えばいいのか」と迷われる投資家も多くいるのが現実です。大手だから安心とは限らないのが不動産業界です。大手の会社では、お客さんを抱え込むという問題があります。

本来、不動産の情報というのは、業者間のデータベースである「レインズ」というシステムに登録しなくてはいけない決まりになっています。

しかし、情報を出してから、他の業者経由の問い合わせがあっても、「終わりました」と言って断ってしまうことがあります。

不動産売買仲介の手数料というのは、売り主側、買い主側からそれぞれ3％発生します。業界用語で片方だけ得ることを「片手」（3％）、両方を得ることを「両手」（6％）といいますが、自社で情報を抱え込んで、両手の手数料を得ようとする会社は、大手ほど多いものです。

その囲い込み問題は大きな問題になり、大手業者の数社が名指しで新聞に取り上げられました。大手だから安心ということでは全然ないということです。

「大手ほど安心」という常識が、不動産業者に限っては、全然通用していません。むしろやはり小さくても昔からやっている地場の業者が良い場合もあります。

また、留意していただきたいことに、「不動産管理会社の倒産」があります。売買仲介ではそこまでの影響はありませんが、賃貸管理に関しては別の会社に契約し直す必要があります。とはいえ、管理会社はストック型のビジネスのため倒産はしにくいものです。

ただし、管理会社は別事業での失敗があり得ます。建築会社の賃貸管理部門という位置付けの場合は、建築会社の経営不振の影響を受ける可能性もあります。特に大変なのは新築アパートを購入して、工事がストップしてしまうケースです。

工事途中で建築会社が破綻した場合、それまでに支払った工事費用は戻ってきません。また、工事途中で引き継いでくれる新たな建築会社を探すのが至難の業ということに加え、新たに建築資金を用意しなくてはなりません。さらには施工不良も問題になっています。

こうしたトラブルを避けるためには、どうすればいいのでしょうか。ニュースで騒がれたレオパレスの件もあり、これこそ「大手だから安心」とは言い切れません。建築リスクを0にしたいのであれば、完成済みの物件を購入するしかありませんが、完成済の新築は売れ残っていて良い物件でないケースもあります。

完成して満室になっている物件でも、高い家賃で無理やり客付けしていることもあります。そうなると、果たしてその物件でよいのかという別の問題も発生します。

そもそもリスクとは不確実性です。新築物件に関しては、ある程度リスクをとって購入するのか。それともリスクを最小限で購入するのか。その考え方に正解はありません。だからこそ付き合う業者が大切ですし、顧客である投資家も「業者を見る目」を持たなくてはいけないのです。

また、不動産管理会社が倒産した場合に、オーナーが敷金や未入金家賃を取り返せるように、不動産管理会社が「預かり金保証制度（日本賃貸住宅管理協会）」に加入している会社だと安心です。

## 無責任な有名投資家がすすめる物件はどうなのか

自身の成功体験をもとに、本を出版している有名投資家さんは数多くいます。

その投資家のやり方を真似すれば、あたかも成功できそうに思えますが、それは大きな誤解です。まず、次の2点をしっかり考えてください。

**①その投資法で本当に成功しているのでしょうか？**
**②その投資法は再現性があるのでしょうか？**

有名投資家の実績や数字の出し方には偏りがあります。
例えば「利回り20％超え」などといった、初心者からすると、「羨ましい！」「すごい！」

と驚くような数字が並んでいますが、それは満室想定ではないでしょうか。

満室想定というのは、読んで字のごとく「満室になったときの想定家賃」です。つまり、その物件が満室稼働していなければ、その利回りになりません。いくら利回りが高くても、稼働率が伴っていなければ意味がないのです。

また、その利回りは表面利回りでしょうか。それともFCR（真実の利回り）でしょうか。その多くは表面利回りで、場合によっては、その物件を維持するためのランニングコストを加味せずに、利回り計算されていることもあります。

さらに、その物件の融資条件と出口戦略はどうなっているのでしょうか。融資期間や金利の条件により、ローン支払いが多く、キャッシュフローが出ていない場合もあります。

仮にキャッシュフローが出ていたとしても、1年で見ているスナップショット（単年）であり、出口までシミュレーションしたビデオ（出口までの通年）で見てみると、投資として合ってない場合もあります。

再現性というのは、その有名投資家の手法を実際に自分でもできるのか、ということです。よくある例を挙げれば、「8500万円の物件を7500万円に指値した」というのは、交渉術に長けた有名投資家だったからであり、そういった交渉は誰もが成功するものではありません。

もしくは、その当時の市況はどうだったのかというのも重要です。

数年前の不動産投資ブームのような全体的に高くなっている相場と、リーマンショック直後や東日本大震災直後、今回の新型コロナウイルスの影響を受けている状況では、まったく変わります。

カリスマといわれる投資家のなかには、今のようにサラリーマンが簡単に融資を借りられない状況のなか、自らの手で銀行開拓をして買い進めていた投資家も多いのです。

借りられない状況だからこそ、良い物件が安く買えている、そんな事情もあります。そのやり方をそのまま真似ても、うまくいく可能性は低いと思います。

また、年収や金融資産、家族構成や背景もまったく異なります。

そのほかよくある誤解でいえば、「500万円かかるリフォーム費用を200万円に抑えた」という武勇伝です。

資産数億円を持ち、100戸以上も所有する不動産投資家と、1棟目を購入したばかりの投資家が、同じだけのサービスを受けられると思いますか？　常に入退去があり、保有している物件のメンテナンスや大規模修繕を定期的に発注している、いわば大口の顧客だからこそ、低コストでのリフォームが可能なのです。

物事には、必ず理由があります。それが「その投資家だからこそ」「その時代だからこそ」といった特別な事情であれば、「再現性はない」と判断するのが賢明です。

書籍の情報を信じ込んでしまい、「高すぎる投資基準で物件が買えない」「無理な指値をして相手にされない」「相見積もりをたくさんとって不毛な金額交渉を行う」そんな投資家が後を絶ちません。

また、書籍はもちろん、ブログやSNSで情報を開示していても、すべてを話しているとは限りません。失敗談は隠して成功談だけを語っている可能性も多くあります。

本当に真実を言っているのか、それとも誇張しているのか、嘘は言っていないけれど事実をすべて述べていない――それはよくあることなのです。

## 耳触りのいいキラーワードに騙されるな

さて、本を出版して講演を行ったり、コンサルティングを行う有名投資家たちの発言には、いくつか共通したキラーワードがあります。

### ①不動産投資は不労所得です！

**②　私のやり方を真似すれば必ず成功します！**
**③　サラリーマンを辞めてリタイアしました！**

実はこの３つのキラーワードに、有名投資家たちの嘘が含まれているのです。

それぞれ解説しましょう。

## ①　不動産投資は不労所得です！

有名投資家がセミナーなどでよく使うのは、「不動産投資は不労所得」という言葉です。

日本では、家賃収入を「不労所得」といいますが、アメリカでは「受動所得」または「ポートフォリオ所得」という言い方をします。

不動産投資を始める目的として一番多いのが、この不労所得です。サラリーマンでありながら不動産で家賃収入を得て、やがては会社を辞めて不労所得で生活することを夢見る人がたくさんいます。不労所得＝年金代わりという発想が近いかもしれません。

しかし、不動産投資は決して「不労」ではありません。不労という響きは誤解を招きやすい言葉ですが、最近の新規参入者を見ていると、本当に何もせずお金が入るようなイメージが強くなっていると感じます。

当たり前のことですが、手放しで安定的にお金が入ることはありません。不動産投資では管理運営から修繕、会計といったことまで、すべてをアウトソーシングできる仕組みが整っていますが、その前段階として円滑に運営するためのオペレーションを整えて管理していく作業があります。

また、さらなる事業規模の拡大を狙って物件を買い増すときは、最初から仕組みをつくっていく作業が必要です。仕組みを整えた後は自動操縦で運営するという意味では不労所得ともいえますが、最初からお金を生み出す自動販売機が買えるということはないのです。長期的に賃貸事業としてやっていくことを考えると、不労ではなく受動所得のほうがしっくりくるのではないでしょうか。

私は「不労」という言葉に惑わされることなく、時間とレバレッジを活かした堅実経営を目指すべきだと思います。

また、融資の特性上、個人の属性で融資をしていることもあり、サラリーマンを辞めたことによって、購入が厳しくなることもあります。

すでに購入した物件だけで安定的に家賃収入を得るという考えもありますが、それは間違いです。

不動産投資は出口で初めて利益が確定します。持ち続けている以上は建物が老朽化していきますので、小規模の修繕から大規模修繕なども考慮しなくてはいけません。不動産投資は出口を考えながら資産を組み替える手法が正しいやり方です。

不動産投資の特徴は、レバレッジが効き少ない資金で投資ができることで、将来にわたり購入当時の収入が安定的に入ってくる投資ではありません。

安定的に収入が入ってくる投資としては投資信託などを選択されるのもよいかもしれません。不動産投資とは違いレバレッジが効かないため、ある程度の資金が必要であるためCCR（自己資本利益率）が低くなりますが、換金性は高いため組み替えも容易であるのが特徴です。

## ②私のやり方を真似すれば必ず成功します！

2つ目は「私のやり方を真似すれば成功します」という言葉です。

初心者がよく誤解してしまうのは、次のようなケースです。

「物件を何棟も所有している」

「本をたくさん出している」

「投資歴が長い」

その結果、「すごい・偉い・成功している」そんな風に思ってしまいがちです。

しかし、所有物件を何棟も持っていようとも、キャッシュフローと残債と資産価値のバランスを見なければ、本当に成功しているのかどうかは判別つきません。

書籍を出版しているといっても、実際に読んでみると、物件概要や数字について明確に示されていないこともあります。

サラリーマン投資家という言葉がまだ世の中に浸透していない十数年前から投資をスタートしていただけで、実際はそんなに儲かっていないのでは?と思われる人も実際にいます。

先駆者という意味では価値があるかもしれませんが、成功を見極めるポイントはどのようにして物件を購入したのか、資産がどのぐらい増えたのかです。

究極的にいえば、物件を売却しない限り、利益を確定することはできないのです。購入・運用・売却――これらを繰り返して資産の組み替えをしながら、結果的にどれだけ儲かったかということが大事なのです。

また、不動産投資における成功の着地点は、人それぞれです。まったく同じ条件の物件が存在しないのと同様に、不動産投資のやり方は多種多様です。有名投資家の手法をそっくりそのまま真似することは不可能ですし、仮に真似することができたとしても、それが自分にとって最良のやり方だとは限りません。

そもそも、その有名投資家が本当に不動産投資の成功者かということを判定するためには、「その人は何で収益を得ているのか」を知る必要があります。本当にキャッシュフローで生活しているのか。それとも、コンサルティング料や講演料で生活しているのか。それとも、不動産業者や建築業者からの紹介料で生活しているのか。同じようにセミナーや勉強会を行っていても、そこにスポンサーがいるのか、それとも自分自身で開催しているのか――。

最近は、多くの不動産投資セミナーが開催されていますが、「高額ではあるけれど、誠実なセミナー」もある一方で、「お得なように見えて、特定の物件を売りつけるセミナー」もあります。

不動産業者のセミナーでは「騙されないぞ」と警戒する投資家の皆さんなのに、有名投資家のセミナーでは、「自分たちと同じ仲間だ！」と無条件に信じ込んでしまう。私は本当に危険に感じます。

もちろん、有名投資家のすべてを指して「人を騙すような悪い人間だ！」と批判するつもりはありません。実際、当社でもお付き合いのある有名投資家さんがいますが、信頼のできる人が大半です。

なかには、自分の利益だけを優先する人もいます。世の中に善い人もいれば悪い人もいるように、有名投資家だからといって、すべての人が信頼に足る人間とは限らないのです。

## ③ サラリーマンを辞めてリタイアしました！

3つ目は「サラリーマンを辞めてリタイアしました」という言葉です。

これを分かりやすく言い換えると、「不動産投資でサラリーマン年収を上回るキャッシュフローが安定的に得られそうなので、会社を辞めて悠々自適に暮らす」ということです。

投資にはいろいろな種類と特徴があります。

不動産投資は数ある投資の一つであって、物件を所有し続けて得られるお金を年金代わりにするような性質のものではありません。

例えば退去者が出れば、すぐに修繕を依頼して、入居者の募集をしなければいけません。

建物全体のメンテナンスも定期的に必要となります。このように物件を持っている限り、常に何かしらの労働力と資金を投下しなければ家賃収入は得られないのです。

将来的に安定した収益を得ることを目的とするのではなくて、資産の組み替えを前提とした運用――それが不動産投資なのです。

SNSで憧れの生活を披露したり、楽しく過ごしているように見えても、それは有名投資家のブランディングの一環という可能性もあります。

先ほどの不労所得にも通じますが、賃貸業は決して安定的な収入ではなく、物件の出口が決まっていない限りは利益が確定していません。

実際にリタイアしてうまくいっている有名投資家の多くは、今でも物件の売買を繰り返しながら、資産の組み替えを絶えず行っています。つまり、経営者として常にしっかり働いているということです。

現場で汗して働かずして、遠隔でコントロールできる、そういった点では確かに不動産投資は場所を選ばず、たとえ遠隔地（海外など）にいても経営することはできます。そうした仕組みを整えられることが、不動産投資における最大のメリットではありますが、それは決して「リタイアして悠々自適」ではないのです。

成功している投資家とは、その仕組みをしっかりとつくり上げ、円滑に経営できている投資家です。

あなたも成功したいのであれば、リタイアを目指すのではなくて、有能な経営者を目指しましょう。そして、決して有名投資家の一側面だけを見て判断することはせずに、不動産投資というビジネスをよく理解した上で、何が最適な投資方法なのかを考えましょう。

当たり前のことですが、仲介業を行って手数料という利益を得る不動産業者は商売として行っています。一方、有名投資家は、直接の利害関係がなく「公平なスタンスだから信頼できる」と思われるかもしれません。

しかし、それは大きな誤解です。コンサルティングを行う不動産投資家のなかには、ただアドバイスを行うだけの人もいれば、コンサルタント業として投資相談を受けながら、物件や不動産業者を紹介して、不動産業者や建築会社に紹介料をもらっている人もいます。

そうなると、やっていることは不動産業者と同じです。それでいて、宅建業者のように守るべき法律もなく、その責任を負う義務もないのです。

ただ、これは別に悪いことだとは思いません。本来ならば自分で物件を探す労力と判断力、最低限必要とされる知識を得る努力を一切せずに、丸投げしているのですから当然の手間賃だとも思います。

問題は、そういった責任のない人間に対して、数千万、数億円規模の投資を丸投げしていることを自覚していない投資家です。

不動産投資はすべてがすべてうまくいくとは限りません。後から「騙された！」と騒いでも後の祭り。あくまでも有名投資家に下駄を預けると決めた本人の責任です。だからこそ、投資家自身がきちんとした知識を身につけることが必要不可欠なのです。

## 有名投資家はあくまでも投資仲間の一人

市況によって不動産投資のやり方も変わり、人気の物件も変わってきます。

「地方のRC造の一棟物件しか買わない」といった偏った投資観を持つ投資家たち、一つの手法で固定化してしまっている人たちは、市況動向が分かっていないのだと思います。

昔の市況でやって成功した経験により、それが一番だと思い込んでいるだけで、今は市況が変わっているわけですから、考え方を変えなければいけません。

そのような観点でいえば、やはり、「○○を買え！」という断定的な人たちはプロではないと感じます。基本は、「何が一番いい」ではなく、今の市況で「いかに有利に進めていくのか」を考え、常に状況に応じた手法をとることが大事です。

有名投資家は先生でもメンター（指導者）でもなく、あくまでも投資仲間として情報を共有できる人です。利害関係のない大家さん仲間の会はたくさんありますから、互いにモチベーションを高め合える同士として、情報交換できる仲間を増やすのがおすすめです。

その際のポイントは、なるべく自分と同じスタンスの投資家を見つけることです。年齢、属性、資産背景、目標――すべてがぴったり当てはまる人は、なかなかいないと思いますが、自身と重なるほど、その人の不動産投資は参考になります。

また、大家さん仲間の会でも、地域を限定した会から、同じ手法を学ぶ会、投資目標を同じくする会などさまざまな会があり、なかには偏った投資法のみを推奨する会もあります。

初めのうちは、なるべくさまざまな属性の方が集まる会、不動産投資手法についても「○○でないといけない」といった決めつけをしないバランスのとれた会を選びましょう。

迷いがあり、どうしても仲間では物足りない。やはり有名投資家や不動産コンサルタントに相談したい、高額な投資クラブに入りたい、といった場合の見極め方ですが、本名やプロフィール、顔写真など、そういったものをきちんと出しているのか、というのは基準になると思います。

法人であれば、事務所の所在地や責任者が把握できますから、それなりに責任を持った形での情報発信を行っているという一つの目安になります。

逆に信用できないのは、○○大家さんなどといって、連絡先はおろか顔も分からず、名前も本名かどうか分からない相手です。そういった方のセミナーやコンサルティングこそ、注意が必要です。

どちらにせよ、有名投資家のやり方をそのまま真似しないことが大切です。一人ひとりの属性と目標が違うため、現実的に真似することは不可能だからです。

自分で情報収集した結果として、同じことをやるというのは有効だと思いますが、信用してすべてを丸投げするのは本当に高リスクです。最終的には必ず自己判断で行いましょう。

## 独立しやすい不動産業界

一方で我々業者にも問題があります。

基本的に不動産業界というのは、浮き沈みが大きな業界です。常に勝ち続けていくというのは本当に難しいと感じています。

その反面、タイミングによっては簡単に大きく稼げてしまいます。そして、稼げる営業マンがどんどん独立していきますが、人に不動産を売る才能と、会社を経営する才能は別物です。独立して失敗する人も多くいます。その理由は、不動産業の独立しやすさにあります。

不動産売買仲介や賃貸仲介を手掛ける宅建業では、宅地建物取引士は5人に1人いればいいとされています。つまり4人は無資格でいいということです。

しかも、宅地建物取引士を持っている主婦などの名前を借りて、許認可を取ってしまうといった名義貸しがまかり通っています。これは本来であれば業法違反です。特に立ち入り検査の義務がないため、よほどのことがなければ漏れようがありません。

結局のところ、実際には働いていない人の名前を借りて、それで宅地建物取引業の許可が取れますから、やはり、いい加減な業者が生まれやすい土壌はあるということです。

今は投資系不動産がとても増えていますが、私が独立したときは、本当に少なかったです。なかには営業力だけで、投資系不動産の知識がない人たちが独立しているケースも少なからずあるのです。

特定の不動産業者が悪いということはないのですが、投資用区分マンションを専門に売っている業者は、今でも営業力だけで売っている話を聞きます。

所有しているだけで赤字になるような新築区分マンションを扱っているような業者であれば、不動産投資の収支についての基本すら知りません。そこがまた、不動産業界の質を落としています。

医師といった高所得者の名簿を入手して、電話営業で売りつける手法を行う新築区分マンション業者からすれば、一棟アパートやマンションは売りやすいそうです。ちなみに当社にご相談に来る医師は、新築区分マンションをすでに所有している方が多いです。

## 信頼できる会社には「投資のプロ」がいる

宅地建物取引業の認可の番号で、創業して何年と判断できます（宅建業免許の説明については83ページ参照）。

「認可番号が多いと、長年やっている業者だから安心だ」ということを、インターネットの情報で見ることがありますが、長く営業しているところが良いのかというと、そうでもありません。やはり素人では見極めがつきにくい業界ではあります。

不動産のプロといえば、宅地建物取引士が有名です。しかし、宅地建物取引士は不動産売買や仲介に関する専門家の資格であって、不動産投資の専門家ではありません。

信用に値する会社というのは、営業マンは全員、宅地建物取引士の免許を持っていること、かつ主要メンバーが不動産投資専門の資格を持っているような会社だということです。

不動産の売買仲介や賃貸仲介といった宅地建物取引業（宅建業）を営もうとする場合、宅地建物取引業法の規定により、国土交通大臣または都道府県知事の免許を受ける必要があります。その免許のことを略して宅建免許といいます。

宅建業を行っていく上で、もし違法行為があれば厳しい罰則を受けることになります。行政処分には「業務改善のための指示処分」「業務停止処分」「免許取消処分」があります。また、宅建業者は、事務所ごとに従業員の5人に1人以上の割合で、専任の宅地建物取引士を置くよう、法律で義務付けられています。

私の個人的見解でいえば、5人に1人という制度というのは、甘いような気がします。実際には名義貸しも少なからずあるのが現実です。業界自体を良くするためには、もう少し要件を厳しくするべきだと考えています。

投資用不動産の専門的な資格といえば、ＣＰＭ®とＣＣＩＭ®があります。分かりやす

## 宅建業免許とは

宅地建物取引業（宅建業）を営むために必要な免許。「国土交通大臣免許」もしくは「都道府県知事免許」があります。

「国土交通大臣免許」では「国土交通大臣（×）第○○○号」、「都道府県知事免許」では「○○県知事（×）第○○○号」と表示されます。（×）の中の数字は更新するたびに増えていきます。具体的には1996年までは3年ごとに、それ以降は5年ごとに更新するごとに数字が増えます。

不動産会社が宅建業の免許を受けるためには、専門家である宅地建物取引士を一定数以上確保しなければいけないことになっています。

## 宅地建物取引士（旧宅地建物取引主任者）とは

宅地建物取引士とは、国家資格である宅地建物取引主任者資格試験または宅地建物取引士資格試験に合格した上で、都道府県知事の登録を受けて、宅地建物取引士証の交付を受けた不動産取引に関わる知識を有する流通の専門家です。

宅地建物取引士は国家資格で、実務経験2年以上もしくは登録実務講習を修了した者に交付されます。宅地建物取引士証の有効期限は5年間で、5年ごとに法定講習の受講と宅地建物取引士証の更新が必要です。

く説明すると、不動産投資のプロ資格で、不動産投資の経営をコンサルティングできる資格です。少し近いのが公認不動産コンサルティングマスターですが、この不動産コンサルティングマスターとは、宅地建物取引士の免許を取って5年の実務経験が必要です。より深く専門的な資格がＣＰＭ®とＣＣＩＭ®です。アメリカが発祥で、アメリカに本部があります。世界各地で講習と試験が行われ、世界で通用する資格だといえます。

今、ＣＰＭ®、ＣＣＩＭ®の資格を保有している不動産業者は、世界中かなりの数がいます。

ＣＣＩＭ®は、ＣＰＭ®よりも商業的な不動産が対象となります。テナントビルや商業施設を組み合わせて、もっと深く専門的なところを学びます。

やはり、学ぶべき価値はすごくあると思います。ＣＰＭ®でも十分な知識を得られますが、自分で投資をするのであれば、ＣＣＩＭ®まで取っているといいかもしれません。

私自身も自社ビルを購入するときに、ＣＣＩＭ®の知識でいろいろシミュレーションして決断をしました。

**ＣＰＭ®（米国不動産経営管理士）**

ＣＰＭ＝Certified Property Manager（サーティファイド・プロパティ・マネージャー）、

不動産投資のプロ資格。投資分析を行い賃貸経営の改善をアドバイスします。

**CCIM®（米国認定不動産投資顧問）**

CCIM＝Certified Commercial Investment Manager（サーティファイド・コマーシャル・インベストメント・マネージャー）、不動産投資に関する詳細な分析手法を学ぶ米国の教育プログラム。

ＣＰＭ®の役割とは、オーナーの目標目的を達成すること。一つの投資としての不動産経営をさまざまな角度からアプローチしていきます。

最大の特徴は、最初の講義が「倫理」ということです。オーナーに対して倫理的に仕事を進めるという誓約書を書きます。

基本的にはファイナンス系を学び、投資分析を行います。それ以外ではメンテナンスとリスク管理、マーケティングとリーシングなどがあります。

会社内の主要な人たちがＣＰＭ®を持っている会社。そこはおそらく、専門的な提案ができる会社だと思います。仮に営業マン全員がＣＰＭ®を持っていなかったとしても、会社全体がそういう仕組みになっているでしょう。

私自身も物件を購入して、不動産投資を行っています。不動産投資家の立場でいえば、そういった資格を持つ業者に相談するのが間違いないと思います。

一例として、私の投資手法をご紹介しますと、28歳から不動産投資を始め、初めからすべて個人の資産管理会社という位置付けの法人名義で購入しました。

物件の種別にもよりますが、出口を5年前後（3～7年）でシミュレーションして投資として採算の合う見込みの物件しか購入しません。そして、購入・運用・売却・利益確定・再購入と続けて資産の組み替えを常に行っています。とはいえ、これも一つの考え方で、私のやり方だけが正しいわけではありません。

新築RCは長く保有していますが、その他の不動産は種別によって、保有期間を短めにして出口を迎えています。市況によっては想定していた期間では売らず、少しずらして売却するケースもあります。その間も家賃収入が得られますので、必ずしも想定した期間で売らなくてはいけないわけではありません。

現在の保有物件のトータル金額自体は、それほど多くはないですが、投資規模ではなくて、いくら資産が増えているかということを重視して投資を進めています。

第3章

# 立地の嘘

## 「〝都心・駅近〟なら必ず儲かる」は嘘

## 不動産投資家の立地に対する誤解

「どの場所で不動産投資を行うのがいいのでしょうか」

そういった質問をよく受けますが、結局は、何がベストというのはないと思います。

物件の種別、地方なのか、都心なのかというところから、中古か新築かなど、木造とRCなど構造もいろいろありますし、一棟か区分かというところもあると思うのですが、基本的に、すべてにおいてメリット・デメリットがあります。

投資の基本として、「同じ籠に卵を入れるな」という有名な言葉がありますが、さまざまな種別の物件を持っておくのがリスクヘッジになると考えます。

ですから、いろんな種類を、ポートフォリオを組んで持つというのが一番いいと思います。

同じエリアに集めて所有するほうが効率的ではありますが、災害を考えればエリアも分散すべきでしょう。

エリア選定において重要なのは、「賃貸の需要と供給が合っているか否か」ということです。

都心に物件を持ちたいと考える投資家は多いですが、供給も多いので競争率が高くなります。そういうエリアですと、新築から、築年数が経つことによる家賃の下落も大きい場合もあります。

家賃で見ても入居率で見ても、やはり新築が高くて、中古になってくるとどんどん下がってきます。逆に郊外の決して便利とはいえない立地ですが、周囲にアパートがないため、常に満室を保っているという話もあります。都心がすべてそうだというわけではありませんが、都心だから安全というわけではないということを知っておくことが大切です。

また、大学や大企業の工場が近いとニーズがあるというのは、安心材料だけではない可能性も高いです。学生需要があるからという思い込みでアパートを新築したり、中古物件を購入しても、供給過多になっているケースがほとんどです。市場の調査をせずに、需要があるだろうという思い込みで物件を購入するのは本当に危険です。

実際に大学の移転や工場の移転というのはよくあることですし、需要を失った結果、破綻している地主が多くいるのが現実なのです。

結局のところ、一概に都心だからといっていいわけではありませんし、地方だからといっていけないというわけでもありません。繰り返しになりますが、肝心なのは「需要と供給のバランス」です。地方の特徴としては、マーケット自体は、都心に比べたら小さいかもしれませんが、本当に詳しく調べると、需給がいいエリアもあります。

そこでしっかり賃貸の需要と供給がマッチしているのであれば、地方でも不動産投資として成立しているわけです。


ほかにも、よく受ける質問で「自分が知っている立地がいいのでしょうか」というものがあります。これは意見が分かれるところですが、土地勘があるところで買うか、それとは一切関係なく選ぶか、という問題があります。

自主管理をするのが目的であれば、ある程度自宅から近い物件がいいと思いますが、資産を増やすのが目的ですから、別に地縁にはこだわらなくてもいいと思います。その購入しようと思った物件が、たまたま土地勘があるところで市場の調査がしやすかった、というのはあるかもしれませんが、資産を増やすにあたってはその物件がどこにあろうが関係ありません。

## プロが教えるエリア分析の方法

自分が購入しようとしているエリアがどんな地域なのか、需要と供給のバランスや人口などは、しっかり自分で調べるべきです。「〇〇さんがそう言っていたから」というのは、信じないほうがいいと思います。

地方圏では、「天気予報に出てくるような大きな都市を買いなさい」と言う有名投資家、不動産コンサルタントがいますが、「大きな都市は供給過多の場合が多いので、あえて外すべきだ」という意見もあります。まったく逆ですが、両方から実感を伴った話として聞いています。

実際のところ、地域の需要というのはさまざまで、物件タイプによる需要と供給のバランスというのもあります。

ファミリータイプの需要があるのに、供給が少ないエリアというのもあります。逆に大きな団地があってファミリー向けは余っており、単身者向けの需要があるエリアもあるのです。やはり、一つの側面では判断してはいけませんし、誰かの言うことを検証もせずに、そのまま鵜呑みにするのは避けたほうがいいでしょう。

本来、このデータを出すのも、不動産業者の仕事です。当社を含め、ＣＰＭ®資格を所持したプロがいる会社では、こういったデータをすべて提供します。

そうでない会社で物件購入する場合は、自分でしっかり調べる必要があります。ここでは私たちが行っているエリア分析のノウハウをお伝えします。

まずは大枠として、その地域の概要を知ること、「地域市場」の調査です。

当社では、全国の地域情報をまとめた『都市データパック』（東洋経済新報社）を使って、かなり細かいところまで全部データを出して確認しています。この『都市データパック』はプロの業者が使うものですが、資料としては大変役に立っています。

ほかに使えるのが、ウィキペディアなどのインターネット情報です。駅やその地名を入力すると、おおよその情報などが出てきますので、一般の方がその市場を調べるというのも、そんなに難しいことではないと思います。

続いてのステップで「近隣市場」のリサーチを行います。

多くのサラリーマン投資家が物件を所有している地域は、融資が出やすいという特徴がありますが、投資家は同じような営業努力をするので、結局のところ価格競争に行きつい

## 市場の視覚化

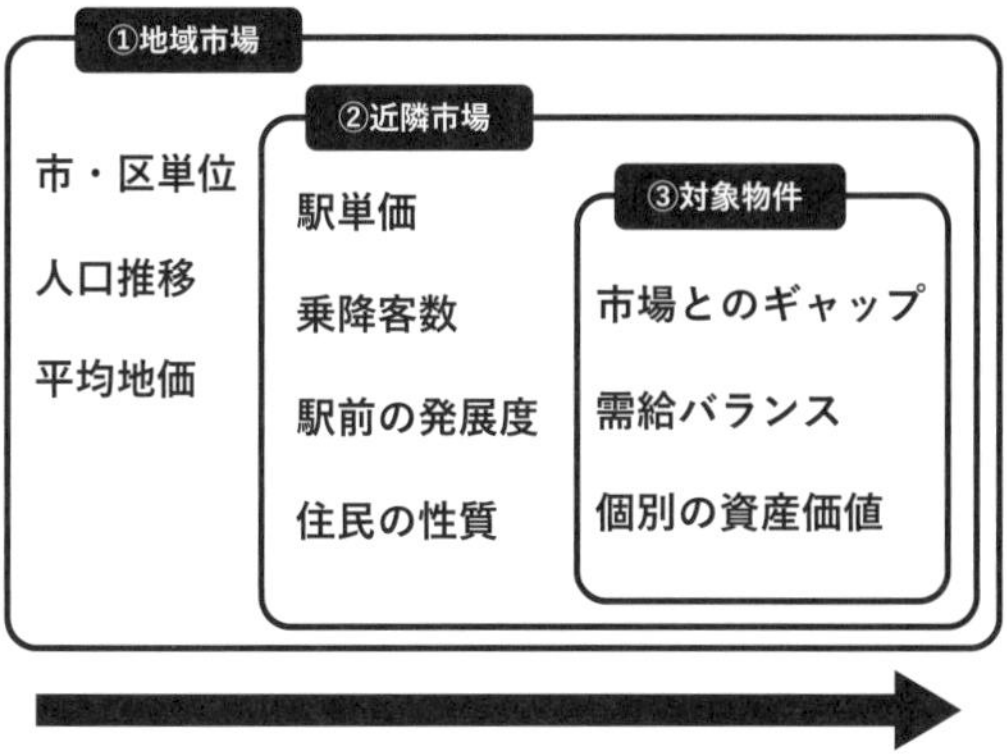


てしまいます。

それが、主要駅から2駅くらい離れると、一気に投資家が減って、地元の農家など地主さんとの戦いになる。そうなれば、投資家が勝てるチャンスがあります。

投資家はやる気も知識もありますし、空室に投資することに対して理解があります。地方の地主さんでは、昔の意識が抜けず、入居者が決まるまでリフォームをしない——そんな意識の低さもあります。

このように同じ市内であっても少しエリアがずれるだけでマーケットが変わるというケースは少なくありません。

分かりやすい例でいえば、神奈川県の横須賀市は人口も世帯数も減っていて、市の情報だけ見ると、とても投資に適したエリアとは思えません。

しかし、例えば横須賀中央駅エリアに限っていえば、投資成果を見込めるケースも存在します。

このように、同じ市や区でも駅単位、町単位で見ると差があるのが賃貸マーケットです。エリア分析はこのように市の単位で調べる「地域市場」から始めて、次に「近隣市場」、最後に「対象物件の特徴」と3段階に行っていきます（前ページの図）。

大事なことは、人口ではなく世帯数を見ることです。これが居住系不動産分析において必要なことです。

## 市場分析の最終ステップは「対象物件」のリサーチ

市場分析は、広いエリアから狭いエリアに狭めていって、最終的に対象物件とライバル物件に焦点を定めます。

最低限、過去のデータと現在のデータを見て、未来を予測することをおすすめします。プロであれば、「レインズ」という業者間の情報ネットワークがあり、そこで成約事例を見ることができます。

投資家であれば、「アットホーム」「スーモ」といった不動産ポータルサイトを見ることで、募集物件数、賃貸相場も把握することができ、リアルタイムのデータを見ることができます。

なかでもおすすめは「ホームズ」のオーナー向けサイト「ホームズ不動産投資　見える！賃貸経営」です。

空室率から賃貸相場などさまざまなデータが出ています。平均値となるため正確なデータではありませんが、需給バランスを見るための参考にはなります。

そうやってインターネット上で、築何年の物件が、いくらぐらいで募集が出ているというのを見ていくと、過去にどれくらいの家賃で入居が決まっているのか、どのようなスペック（仕様）の物件に競争力があるのかといったものが把握できるようになります。

なお、ポータルサイトに掲載されているのは募集家賃であって、成約家賃（実際に契約された家賃）ではありません。

募集家賃と成約家賃の差は1000円、2000円といったところで大幅な乖離はありません。ただ、多少の交渉はありますから、募集家賃よりやや低いと考えるほうが安全です。

同じ地域でも、ピンポイントで家賃や需給は違ってきますので、実際にその物件の周辺を自分で調べます。そして、現在までのデータを把握することで、今後の需要を分析する

## データから予測する

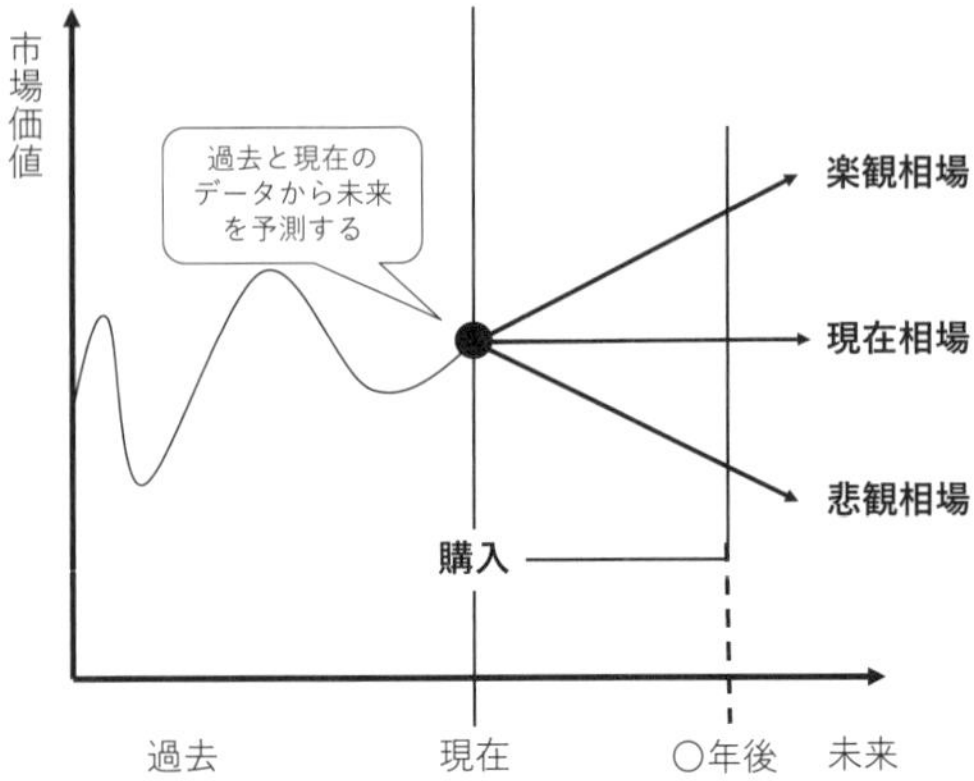


※不動産収入は「家賃」と「時価(売ったらいくらか)」を予測することが重要

ことができます。

また、地域の賃貸管理会社に聞くのもいいと思います。私が地方の案件を手掛ける際は、近隣の管理会社5~6軒に電話してヒアリングしますが、結構意見が割れるものです。

「このエリアはいいですよ」という会社もあれば、「ここの客付けは難しいですよ」という会社もあり、かえって混乱するような地域もあります。

管理会社の意見が分かれてしまう理由の一つとして、重要なポイントがあります。それは管理会社とオーナーの目標が違う場合が多いからです。

オーナーは、資産を増やす、家賃収入を

増やす等が目標ですが、管理会社の場合は入居率を上げることが目標なのです。

入居率を上げて満室を目指すことはオーナーと同じようですが、目標が入居率だけなので家賃の金額は下げてでも満室にしたほうが、管理会社としては目標を達成できます。


ですので、ほとんどの管理会社はオーナーの本当の利益（資産、家賃収入）を考えていません。いかに家賃を低くして入居率を上げるかが目標なのです。

そのため、管理会社に聞いた情報だけで判断するのではなくて、先述した『都市データパック』で調べたこと、ウィキペディアで調べたこと、地名を検索してネットでいろいろ調べたこと、管理会社に何社か聞いて調べたこと、これら市場調査の結果を統合して判断すればいいのです。

未来のことは誰も分かりません。しかし、過去と現在のデータから家賃や時価（今売ったらいくらか）を予測することができます。ここまでに調べたデータから現在の相場で10年後どうなっているかを予測して、そこから楽観と悲観で3パターン程度考えることを提案します（98ページの図）。

事例として、利回り8％の新築木造アパートを購入するときの出口を予測します。10年後に売却を想定した場合、売却額はどのように予測していくかというと、現在の市況では

## 例）新築アパートの出口予測

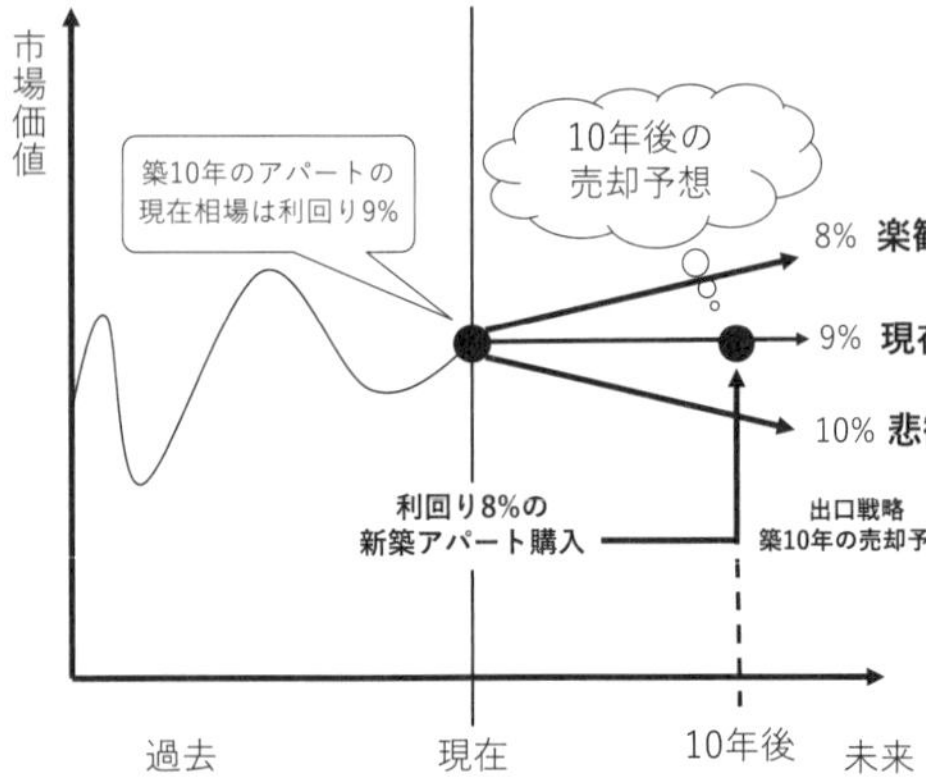


※現在相場を基準に、良かった場合（楽観相場）と悪かった場合（悲観相場）で予測する。

同じエリアの同じような仕様の築10年の中古木造アパートが利回り９％で売りに出ている(もしくは成約事例がある)ことから、まずは10年後の売却時の利回りを９％で設定して、今の市況よりも良かった場合（楽観相場）の利回り８％と今の市況よりも悪かった場合（悲観相場）の利回り10％で想定します。もちろん家賃の下落率もデータを参考に設定して、10年後の家賃（年間家賃）を利回りで割り戻すと、売却額が出てきます。さらに、10年後のローンの残債なども合わせてみて、投資として収益性を見るわけです。このように事前にシミュレーションを行うことで不確実性＝リスクを下げることができるのです。

**市場分析**

・地域市場と近隣の分析（競合物件を知る）
・物件の特徴を判断する（資産を知る）
・競争上の優位性の判断（位置付けの評価）
・家賃設定を行う（価格戦略の導入）

## 地方は賃料水準が低くて修繕費割合が高い

地方で不動産投資を行う場合に気を付けるポイントはいくつかあります。賃料水準が低くて修繕費割合が高い地域。特に札幌などの物件で陥りやすい罠です。

例えば、単身者向けの20平米の1Kがあったとします。部屋から退去したとき、クロスや床などの修繕をして貸せる状態まで戻す原状回復工事を行います。

札幌は若干リフォーム業者の単価が安いですが、それでも1部屋退去が出るごとに、修繕が15万円程度かかります。

東京都内の利便性の良い立地であれば、同じ広さの物件で、大体家賃が7万〜8万円です。対して、札幌では家賃は2万〜3万円です。要するに、2倍から3倍近い収入差があるわけです。

しかし、賃料に大きな差があっても、かかる修繕費用はほぼ同じです。エアコンが壊れた場合でも、札幌であっても東京であっても交換にかかる費用はほぼ同じです。地方だからといって人件費が東京の半額ということはありません。

つまり、賃料水準が低いと平米あたりの効率が悪いわけです。下手をすると、原状回復費用で年間家賃の半分くらいを持っていかれてしまいます。特に単身者向けの物件は回転が速いため、修繕費が収益を圧迫するケースがよく見られます。

## 不動産は景気と相場

首都圏に物件を持ちたいという投資家は多いです。特に東京23区など、資産性も高いため魅力に思う人が多いのです。

しかし、都心の不動産の収益性はとても低いです。

不動産投資の書籍を見れば、利回り20％や30％など、景気のいい話がたくさんあるため、

### 不動産と景気の循環

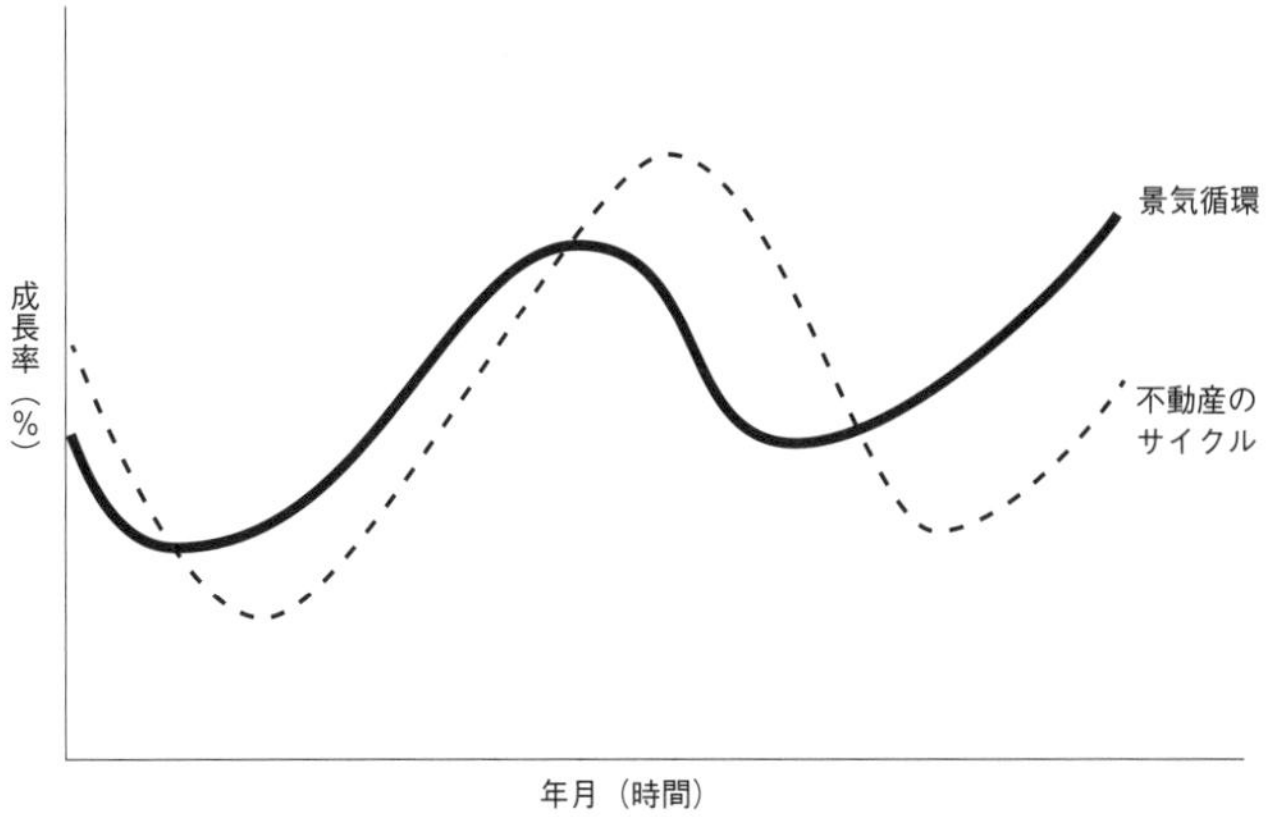


勘違いされた方から、「利回りがこんなに低いのは、おかしくないですか？」と聞かれることもあります。そのエリアによって利回りが大分変わるという知識は、初心者は持っていないのだと思います。

当然のことながら、不動産投資には相場があります。不動産は、経済の相場の波に若干遅れて、緩やかに変動します。過去のデータを見ても、同じような感じで推移しています。

## 不動産投資は利ザヤで稼ぐビジネス

市況によって、売れ筋の立地、売れ筋の不動産には差が出ます。

かつては、地方にあるＲＣ造の一棟物件が

人気でした。当時はまだ相場が上がりきっていなかったこともあり、利回りが高くキャッシュフローが出やすかったからです。

また地方のＲＣは積算評価がつきやすく、当時は高積算物件に融資をする金融機関が多かったこともあり、サラリーマン投資家が購入しやすい状況だったのです。

しかし、数年前の不動産投資ブームで相場全体が上がり、物件価格も高騰しました。値段が上がりきって利回りが低くなってしまっては、地方ＲＣ物件はとてもお買い得とはいえません。要は、利ザヤがとれないと投資にならないのです。


では、不動産投資での利ザヤとは何か？　不動産投資は一種のアービトラージュ（裁定取引／金利差や価格差を利用して利ザヤを稼ぐ取引のこと）です。簡単にいえば、「安い金利でお金を調達して、高い金利でお金を回すことで利益を得る。そして、そのお金を借りるための担保として不動産がある」ことです。この不動産の担保があるので、不動産投資はお金を調達しやすい投資といえるのです。不動産投資を勉強している方なら利ザヤである「イールドギャップ」という言葉を見聞きしたことがあるでしょう。

多くの人は「表面利回り－金利」だと思っていますが間違いです。表面利回りではなくＦＣＲ、金利ではなくローン年数も考慮したＫ％（ローン定数）といわれる銀行の利回り

## アービトラージュ

アービトラージュとは裁定取引で、金利差や価格差を利用して売買して利益を得る取引のことです。低い利率でお金を借りてきて高い利率でお金を回す不動産投資もまたアービトラージュです。融資条件は金融機関によって変わりますが、より好条件で融資が受けられれば有利に運びます。また、お金を借りるための担保として不動産があるため、ほかの投資に比べてお金を借りやすいという特徴があります。

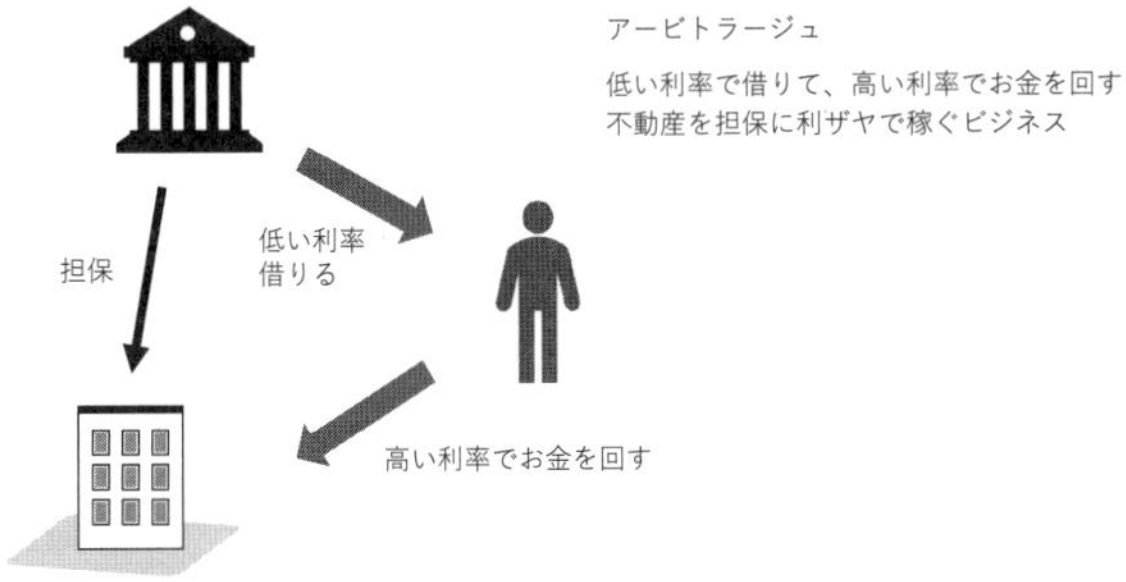


## イールドギャップ

イールドギャップとは、FCR(真実の利回り)とK%(ローン定数)の差を指します。

よくある嘘
表面利回り ― 金利 ＝ イールドギャップ

正しいイールドギャップの計算
FCR ― K% ＝ イールドギャップ

多くの投資家は「金利」だけを見る傾向にありますが、金利と借入期間がキーワードです。その指標となるのがK%、ローン定数といわれるものです。

K%の算出法

$$K\% = \frac{\text{支払い額(ローン年数と金利で決まる)}}{\text{借入額}}$$

です。つまり、イールドギャップとは「表面利回り－金利」ではなく、「FCR－K%」ということです。このイールドギャップがキャッシュフローになるのです。

実際に事例で計算してみましょう。

①まずはFCRを計算します。FCRとは、フリーアンドクリアリティリターンの略で、「真実の利回り」のことです。「キャッシュフローツリー」で計算したNOI（満室賃料から空室分を差し引いた実行総収入から、運営費用を差し引いた営業純利益）を物件価格（諸費用含む）で割ることで算出できます。

②次にDCR（借入金償還余裕率）の計算です。ADS（年間ローン返済額）に対するNOIの比率です。DCRが大きいほど借入返済の確実性を増し、デフォルト（債務不履行）が起きる可能性が低くなります。

③BE%（損益分岐点）はOpex（運営費）とADSをGPI（年間満室賃料）で割ったもので計算します。目安となる数値は物件により異なりますが、損益分岐となる入居率がBE%となります。

④K%（ローン定数）とはADSのローン借入額に対する割合です。K%はコストですの

## 事例の計算例

物件価格1億円(諸費用含む)
利回り10%
自己資金1000万円
融資9000万円　融資期間30年　金利2.5%

キャッシュフローツリー

| | | |
|---|---|---|
| | GPI(年間満室賃料) | 1000万円 |
| − | 空室・未回収損 | 50万円 |
| = | EGI(実効総収入) | 950万円 |
| − | Opex(運営費) | 95万円 |
| = | NOI(営業純利益) | 855万円 |
| − | ADS(年間ローン返済額) | 427万円 |
| = | BTCF(税引き前キャッシュフロー) | 428万円 |

①FCR(真実の利回り)…NOI÷(物件価格+諸費用)(1億円)×100=8.55%
FCRで物件の収益性を見る
②DCR(借入金償還余裕率)…NOI÷ADS=2.0
NOIが返済の2倍ある
③BE%(損益分岐点)…(Opex+ADS)÷GPI×100=52.2%、入居率が
52.2%で
プラスマイナスゼロである
④K%(ローン定数)…ADS÷借入額(9000万円)×100=4.74%
銀行の融資利回り(元金プラス利息)
⑤CCR(自己資本利益率)…BTCF÷自己資金(1000万円)×100=42.8%
1000万円の資金投入で毎年428万円のリターンが得られる
⑥イールドギャップ　FCR−K%=3.81%
⑦レバレッジ判定　K%<FCR=レバレッジが効いている

で、低いほど有利な融資が獲得できているということです。K％を下げるためには「融資期間を延ばす」「金利を下げる」のどちらかを行います。

⑤ＣＣＲ（自己資本利益率）はキャッシュオンキャッシュリターンの略で、自己資本に対する利益率を指します。いくら投資をしていくらの利益があるのかを表します。

⑥先述したイールドギャップを計算します。イールドギャップが利ザヤとなりキャッシュフローを稼ぎます。

⑦レバレッジ判定をします。K％よりＦＣＲが高ければ、レバレッジが効いています。その状態であれば、お金を借りれば借りるほどＣＣＲが上昇します。

K％は、先述したとおり年数と金利で決まります。そこも非常に大事だと思います。「金利１％、ローン15年」というパターンと、「金利３％、ローン30年」というケースで考えてみましょう。

同じ金額を借りて、どちらがいいか簡単にキャッシュフロー計算してみると、１％で15年の場合、K％（ローン定数）は７・18です。今度は３％で30年の場合、K％（ローン定数）は５・06です。金利は高くても、後者で借りたほうがキャッシュフローがいいということです。

要は、金利が低くても年数が短いとFCRとK％の利ザヤが稼げていないのでキャッシュフローが出てこない、つまり手元に残るお金が少なくなります。期間が長いと、ある程度高金利でも手元に残ります。

投資判断ではスナップショット（単年）とビデオ（出口までの通年）で見るのですが、スナップショットではFCRとK％、ビデオでは金利とローン年数で出口時の残債（残りの借入額）が変わるため、両方を把握する必要があります。また、ビデオでの投資判断は、後述するIRR（内部収益率）を見ます。

また、K％とFCRを比較することによって、レバレッジ効果が働いているかどうかの判断ができます。

K％よりもFCRの数値が大きいときはレバレッジが効いているということです。ですので、他人から資本を借りれば借りるほどCCRが良くなるのです。

都内の物件は、これが逆転してしまうこともあります。というのも、利回りが低いのでレバレッジが効かない状態なのです。

例えば、ローン年数30年、金利2・5％でK％（ローン定数）が4・74の場合、都内の一等地で利回りが5％、そこから経費などを引いてFCRが4％だとすると、4・74％で借りて4%で回すということになり、キャッシュフローはマイナスになります。これを逆レバレッジといいます。

とはいえ「レバレッジが効いていないから投資をしない」ということではありません。レバレッジが効いていないときは、自己資本をなるべく入れることで目標の収支が合うようになります。このような判断をするために計算を行います。

## レバレッジのメリット・デメリット

ここでレバレッジについて、もう少し踏み込んで解説したいと思います。レバレッジとは直訳すれば「てこ」という意味を持ち、不動産投資においては、融資を利用して自己資金よりも大きな投資を行うことを指します。

そして、レバレッジには次のようなメリットとデメリットがあります。レバレッジをかけることができるからこそできる投資もありますが、レバレッジがなければいけないということではありません。

**レバレッジのメリット**

・融資がなければ不可能な投資が行える
・自己資金に融資を足すことで、より高額な物件を購入できる
・自己資金をその他の投資など別のことに使える
・自己資金で他の投資を行うことでリスクヘッジになる
・資金調達コストよりも高い収益を生み出す「正のレバレッジ」により、ＣＣＲを上げることができる

**レバレッジのデメリット**

・借入金額が多いほど金利変動をはじめとした経済的リスクが上がる
・人によっては心理的な負担がある
・借入金が増えるとキャッシュフローが減る（ＣＣＲは高くなる）

## エリア選定と融資の関係は？

多くの間違いは、物件探しから入ってしまうために起こります。高利回り物件を買いたいということで、インターネットで物件を探すと地域が限られる傾向にあります。

そして、この物件に対して、融資可能な銀行は限られてしまうのです。本来であれば、その投資家の資産背景、属性によって使える銀行は変わりますが、初めから一つの銀行に絞られてしまうのは、今後の買い進めに影響が出ます。

不動産投資は事業です。事業には、どのように進めていくのかという戦略が必須です。つまり、最初に融資戦略をしっかり立てることが肝要なのです。

その融資戦略を考えると、立地に関しては銀行によって絞られてきますので、「このエリアに投資したい！」というこだわりはなくてもいいということです。どちらにせよ、必ず市場調査を行うところから始めるのが基本です。

ある一定の地域に絞って物件を取得している場合のデメリットをいえば、地方銀行によっては、その資産の半数以上を所有している地域をメインの活動エリアと見なす場合があります。

例えば、神奈川県に住む投資家が、札幌で3～4棟を購入したケースでは、神奈川県のとある銀行で借りにくくなる場合もあります。

この辺の判断は銀行によっても変わるところですが、所有物件を共同担保に入れて、その担保力を使って次を買うときも、エリア外の物件は、基本的には担保は取れません。

そう考えると、どのエリアで買うかというのは、需給バランスと、管理できるかどうか、今後の融資、買い進めにおいての融資との兼ね合いを考えて選ぶべきということです。

また、共同担保に入れるときには、売却時にハンディとなる可能性があり注意が必要です。

［運営編］

第4章

# 賃貸経営の嘘

# 「大手の管理会社に任せれば安心」は嘘

## 賃貸経営の嘘

前提として、不動産投資家の皆さんに知っていただきたいのは、「管理会社の目標とオーナーの目標は違う場合が多い」ということです。

オーナーの目標は資産を増やすことですから、家賃を維持しながら空室を埋めて収益を上げたいと考えます。対して、管理会社は入居率を上げることを目標にしています。家賃が下がっていても関係ありません。とにかく入居が付けばいいという考え方です。このように、両者の間には根本的なズレがあるのです。

管理会社は、本来であればオーナーの資産を最大化するため方法を考えなくてはいけない立場です。

管理会社の通常業務というのは、入金管理、客付け、クレーム対応、入退去の立ち会い、修繕の手配などが挙げられます。例えば、修繕費が発生する故障や不具合が起こった場合、ほとんどの管理会社が「〇〇が壊れました」という報告をオーナーにして、「そのお金を出してください」と請求するだけです。

入居促進のために行うリフォームでは、「入居者が入らないのでリフォームしましょう」

と提案するのはいいのですが、本来であれば、リフォームに対する費用対効果を考えた上で提案すべきなのです。

リフォームは、再投資＝資本改善にあたります。出口を見て考えた場合、「リフォームにかけた金額によって、家賃がどのくらい上がり、収益がどのくらい上がるのか」というところまで、しっかり計算をして、「その修繕・リフォームをするのか、それともしないのか」判断します。

事例で解説しましょう。前提として家賃５万５０００円の部屋が12戸あるとします。そうすると満室での月の家賃収入が66万円、年間家賃収入が７９２万円です。しかし、現況の入居は12戸中８戸で月の家賃収入は44万円、年間家賃収入は５２８万円となり、満室収入との差は年間２６４万円。本来得られるはずの収入を失っています（次ページの図、①のケース）。

では、家賃を下げて満室にするとどうなるでしょうか。もともと埋まっている家賃５万５０００円の部屋が８戸、家賃４万５０００円に下げた部屋が４戸。この条件で満室になると月の家賃収入は62万円、年間家賃収入は７４４万円となります。出口を考えた場合、表面利回り10％の売却であれば、物件価格は７４４０万円となります（次ページの図、②のケース）。

## リノベーションの考え方

①現状（何もしない）

満室 5.5万円×12戸＝66万円/月
→792万円/年
現況 5.5万円×8戸＝44万円/月
→528万円/年
機会損失　264万円/年

得られるはずの収入を失っている

②家賃を下げて満室

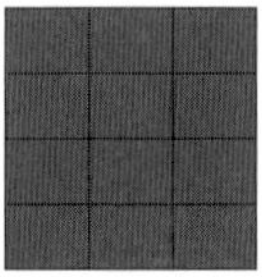

(5.5万円×8戸)+(4.5万円×4戸)
＝62万円/月　→744万円/年

出口を考えた場合
表面利回り10%で売却なら
物件価格　7440万円

③リノベして家賃を上げて満室

(5.5万円×8戸)+(6万円×4戸)
＝68万円/月　→816万円/年

出口を考えた場合
表面利回り10%で売却なら
物件価格　8160万円

リノベーション費用1室150万円×4戸=600万円
全額借入でまかなう（金利2.5% 60回）
返済額=106,484円/月
募集家賃5.5万円→6万円

差益　240,000円－106,484円＝133,516円/月

| ①現状のまま | 家賃収入：528万円/年 |
|---|---|
| 対策なし | 短期では現状と同じ<br>長期では経年により家賃が低下し、更なる減収につながる恐れ<br>また、空室部分については家賃を下げて想定する必要があり、その分売却価格が下がる懸念がある。 |

| ②家賃を下げて満室 | 家賃収入：744万円/年 |
|---|---|
| 対策後 | 費用がほとんどかからない<br>設備刷新されていないので、経年による家賃低下は続く |
| 売却戦略 | 表面利回り10%で売却すると<br>売却価格：7440万円 |

| ③リノベーション | 家賃収入：816万円/年 |
|---|---|
| 対策後 | 設備刷新により、家賃低下を食い止める<br>売却・事業承継・相続税対策にも効果的 |
| 売却戦略 | 表面利回り10%で売却すると<br>売却価格：8160万円（8160万円－600万円＝7560万円）<br>売却の見込みが10%ならば②と比べて120万円得する<br><br>表面利回り9%で売却すると<br>売却価格：9060万円（9060万円－600万円＝8460万円）<br>価値を向上させることでより低い利回りで売却できる可能性を高められる<br><br>市場を見ながら利益が見込める方法を選べばよい |

最後は空室にリノベーションをして家賃を上げたケースです。もともと埋まっている家賃5万5000円の部屋が8戸、リノベーションをして家賃6万円に上げた部屋が4戸。この条件で満室になると月の家賃収入は68万円、年間家賃収入は816万円となります。出口を考えた場合、利回り10％の売却であれば、物件価格は8160万円となります（右ページの図、③のケース）。なおリノベーション費用は1戸につき150万円で、合計600万円がかかりました。これは物件価格から差し引いて計算します。

リノベーション後の売却価格が、表面利回り10％と仮定すると売却価格は8160万円で、リノベ費用が600万円なので差し引き7560万円となります。これだと②と比べて120万円得することになります。リノベによって価値が向上し、9％で売却できると仮定すれば9060万円で、差し引き8460万円となり、より低い利回りで売却できる可能性を高めることができます。

市場と相場を見ながら、リノベ後の物件がどのくらいで売れそうか検討をつけて選択することが重要です。一般的な管理会社がそこまで調査してくれるかというと、難しいところもあるので、ご自身で調べるか投資家目線の管理が充実している管理会社に相談するのがよいでしょう。

**資本改善とは**

・物件に対して再投資を行い、収益を上げることを「資本改善」といいます。資本改善にあたっては、再投資（リフォーム等）に対して、費用対効果はどれくらいあるのかをしっかり計算する必要があります。

## 費用対効果が高いのは既存顧客へのサービス

賃貸経営というのは単純な話ではありません。お金をかけて新規顧客を獲得することに比べて、既存客にサービス提供したほうが、コストが低く済むという側面があります。退去されてしまえば、家賃収入は途絶えますし、原状回復費用といった修繕費用がかかります。たとえ数万円出したとしても退去されないほうがいいのです。

また、改めて入居を募集するということになれば、広告料をかける必要があります。特に売却を念頭におくのであれば、常にお客さんで満室にしておくというのが非常に大事なことなのです。それらを計算すれば、ある程度のコストをかけて、入居者に快適な住環境を提供したほうがいい可能性があります。

それを分かっているオーナーは少ないです。こういったことを「テナントリテンション」といいますが、既存客を大切にするために何をするのが効果的かということは、その物件によって、また入居者によって変わるものです。

私はアンケートで直接聞くのが一番いいと思います。入居者にアンケートを配って、希望する設備や改善点を聞いていく。もちろんできる、できないということはあると思いますが、予算の範囲内で、入居者が希望しているものをどんどん付けてあげるというのも大切です。

費用対効果についての検証も必要ですが、既存客を大事にすることでコストカットできる可能性も高いのです。

同じケースで、単純に空室を埋めたいという話であれば、家賃を下げて募集したほうが埋まるかもしれません。

ただし売却を考えているのであれば、コストをかけてでも家賃を上げることができる方法を考えるべきです。

その方法はリフォームとは限らず、「ペット可にする」「外国人可とする」といった入居条件緩和だったり、入居時の初期費用をオーナーが負担する入居者向けのキャンペーンを行うことかもしれません。

管理会社はそこまで考えて、オーナーに提案するのが役割だと認識していますが、それをできる会社は多くありません。そこまでするためには、不動産投資のプロとしての知識を持っている必要があるのです。

**テナントリテンションを行う意味**

・新規顧客を得るためのコスト（原状回復費、広告費）を考えた場合、既存顧客を大切にするほうが費用対効果は高く、収益（家賃収入）が安定します。

## テナントリテンションによる効果

賃貸物件の収益最大化のポイントに「テナントリテンション」があることをお伝えしました。ここではテナントリテンションの効果について解説します。

空室が埋まったから、今は空室がないから……と安心してはいけません。繁忙期に人が動くということは、退去のリスクもあるということです。

時代の変化でどんどん技術が発展してＩｏＴも普及しています。それに伴って入居者の部屋に対する要求レベルも基本的にどんどん上昇していきます。その一方で、建物は経年劣化で価値が下がっていきますので、適宜リノベーションを行って建物の価値を維持していく必要があるのです（１２２ページの２つの図参照）。

一方で退去があると家賃収入が減るばかりか、以下のようなデメリットがあります。

・長期入居者が退去した場合、部屋が傷んでいる可能性が高いため、原状回復費もしくはリフォーム・リノベーション費用が発生する。
・空室期間中、リフォーム・リノベーション期間中は家賃が入ってこない。
・次の借り主がすぐ決まるとは限らない。
・タイミングによっては、募集賃料を今までより下げなければならない。
・募集に関わる費用（広告費など）が発生する

## テナントリテンションの考え方

### 1．建物の劣化と時代の進歩

・建物は消耗品です。経年劣化により価値は低下していく。
・技術革新により、入居者の要求レベルは上昇していく。

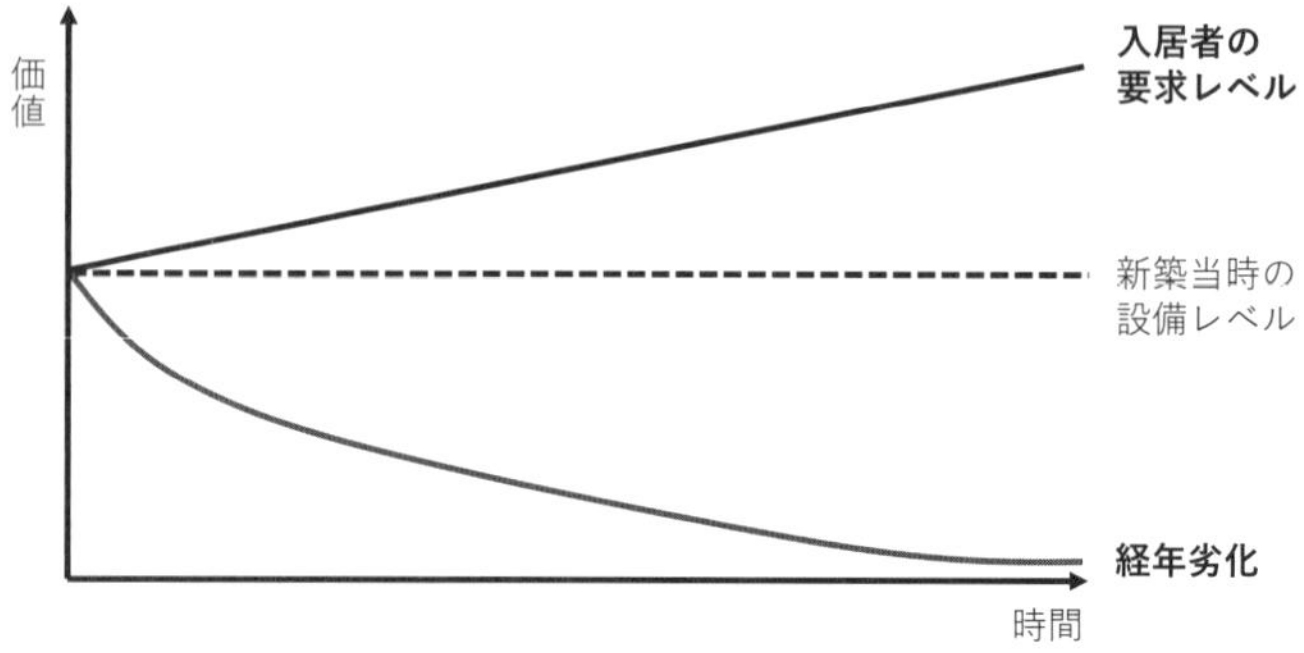


### 2．リノベーション

・定期的に入居者の要求レベルに適応していく。
・要求レベルを満たすことで家賃上昇のチャンスがある。

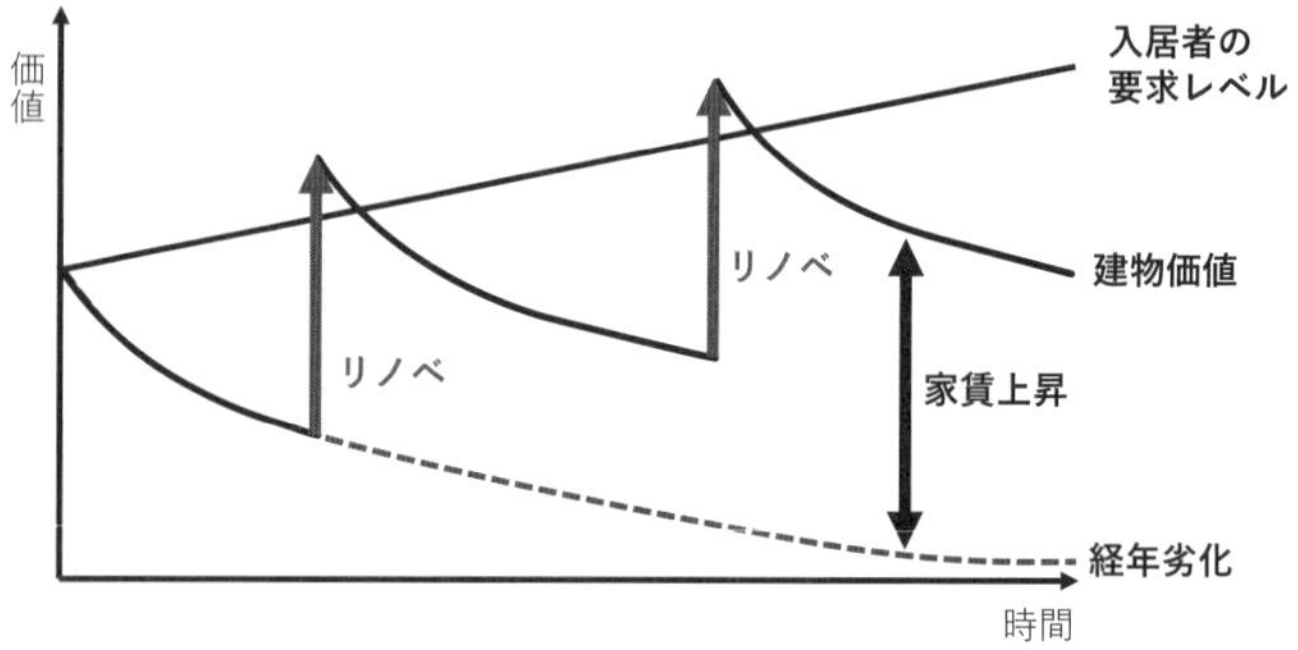

## 空室損について

稼働率＝入居期間 ÷（入居期間＋空室期間）

例：入居期間24カ月　空室期間2カ月　→　稼働率92.3%
2年ごとに入退去がある場合、入退去間の空室期間を2カ月以内におさめないと、稼働率が90%を割ってしまう

| 入居期間（カ月） | 空室期間（カ月） | | | | | | | | | | | |
|---|---|---|---|---|---|---|---|---|---|---|---|---|
| | 1 | 2 | 3 | 4 | 5 | 6 | 7 | 8 | 9 | 10 | 11 | 12 |
| 12 | 92.3% | 85.7% | 80.0% | 75.0% | 70.6% | 66.7% | 63.2% | 60.0% | 57.1% | 54.5% | 52.2% | 50.0% |
| 24 | 96.0% | 92.3% | 88.9% | 85.7% | 82.8% | 80.0% | 77.4% | 75.0% | 72.7% | 70.6% | 68.6% | 66.7% |
| 36 | 97.3% | 94.7% | 92.3% | 90.0% | 87.8% | 85.7% | 83.7% | 81.8% | 80.0% | 78.3% | 76.6% | 75.0% |
| 48 | 98.0% | 96.0% | 94.1% | 92.3% | 90.6% | 88.9% | 87.3% | 85.7% | 84.2% | 82.8% | 81.4% | 80.0% |
| 60 | 98.4% | 96.8% | 95.2% | 93.8% | 92.3% | 90.9% | 89.6% | 88.2% | 87.0% | 85.7% | 84.5% | 83.3% |
| 72 | 98.6% | 97.3% | 96.0% | 94.7% | 93.5% | 92.3% | 91.1% | 90.0% | 88.9% | 87.8% | 86.7% | 85.7% |
| 84 | 98.8% | 97.7% | 96.6% | 95.5% | 94.4% | 93.3% | 92.3% | 91.3% | 90.3% | 89.4% | 88.4% | 87.5% |
| 96 | 99.0% | 98.0% | 97.0% | 96.0% | 95.0% | 94.1% | 93.2% | 92.3% | 91.4% | 90.6% | 89.7% | 88.9% |
| 108 | 99.1% | 98.2% | 97.3% | 96.4% | 95.6% | 94.7% | 93.9% | 93.1% | 92.3% | 91.5% | 90.8% | 90.0% |
| 120 | 99.2% | 98.4% | 97.6% | 96.8% | 96.0% | 95.2% | 94.5% | 93.8% | 93.0% | 92.3% | 91.6% | 90.9% |

想定したシミュレーションの稼働率やBE%（損益分岐点）と見比べて、何カ月までなら空室期間でも耐えられるか認識しておくことが大事。
稼働率は「長く入居してもらう」と「空室期間を短くする」ことで改善できる。

この表によれば、空室が10カ月続いた後に１２０カ月（10年）入居してもらうことと、空室2カ月で24カ月（2年）入居してもらうことは同じです。

ただし、後者の場合は入退去時に発生する諸費用分や、経年による家賃低下などがあるため、総合すると前者のように長く入居してもらうほうが得になります。

特に長年入居してもらっている入居者は他入居者よりも家賃が高く設定されたままのケースも多いため、テナントリテンションでサービスを維持してあげることも重要です。

123ページではこうした「空室損」についてを表にしました。2年ごとに入退去があった場合、入退去間の空室期間を2カ月以内におさめなければ、稼働率90％を下回ってしまいます。つまり長く入居いただくというのは、それだけ稼働率が上がっていくのです。

そこで既存の入居者にとって住み続けたいと思ってもらう状況や環境を提供することが重要になります。つまり、テナントリテンションによって入居者の満足度を上げていきます。

例えば住宅設備のグレードアップやメンテナンス……インターフォンを替える、エアコンのクリーニングをするなどです。退去されて原状回復し、さらに広告料も払うことを考えると、はるかに安く済むケースがあります。

なお、賃貸住宅新聞社による「この設備があれば周辺相場より家賃が高くても決まる」第1位は、単身向け・ファミリー向けともに「インターネット無料（Ｗｉ-Ｆｉ、無線ＬＡＮ）」です。新型コロナウイルスの影響を受けて、テレワークも定着してきましたから、賃貸物件のＷＥＢ環境の整備は〝当たり前〟といっても過言ではないでしょう。

また、使っている最中で壊れて交換よりも、先回りして対応したほうが安くなります。加えて、緊急時の対応になると業者の手配も難しくなり、待たされる入居者にストレスがかかります。事前対応にすれば、多少待たせたり日程調整で時間がかかったりしても不満は少ないでしょう。特に夏場のエアコンの故障は避けたいものです。古い機種であれば夏の前に交換してしまうのも一手です。

## その管理会社は「最適」なのか

一口に管理会社といっても、不動産賃貸管理だけを行う会社、賃貸仲介と管理をセットにしている会社、売買仲介、賃貸仲介、管理をトータルで行う会社、建設会社の賃貸部門といったような位置付けの会社もあります。

会社の成り立ちも、テレビCMを流しているような大手チェーンから、地元では有名な不動産会社、逆におじいさんが1人で営んでいるような昔ながらの不動産屋もあります。

そのほかに地域性もあり、首都圏をはじめ主要都市には数えきれないくらい管理会社がありますが、小さな街ともなれば、1社独占状態になっているケースも珍しくありません。そうなれば、管理会社を選ぶこともできないのです。

大手チェーンのほうが客付けが強いという傾向にあるように思います。

また、規模の大きい会社は経営的に安定感がありますが、一つの物件に対して、客付担当者、管理担当者、修繕担当者と、部門が分かれてしまい対応がわずらわしい……といったケースもあります。

例えば101号室が空いたとしたら、客付担当から「101号室何日に空きました。入居条件はどうしましょう」と連絡が入った同じ日に、修繕担当から「101号室の退去において、○○を修繕する必要があります」と連絡が入るといったことが起こります。

部門化されているため、社内での情報が共有されておらず、「それは、おたくの会社の内部ですり合わせてくれ」というようなことまで、オーナーに何度も何度も電話がくるといった話を聞いたことがあります。

会社内できちんと仕組みができていればそういうことはないと思うのですが、大きい会社ですと、そういうことが起こりやすい印象を受けます。やはり株式上場しているような会社ともなれば、利益を追求していきますので、管理が弱い状況に陥ってしまうのかもしれません。

会社の規模にかかわらず、あなたの物件を一番適切に管理してくれそうかで判断すべきでしょう。

**賃貸経営の悩み　対象 585人（複数回答可）**

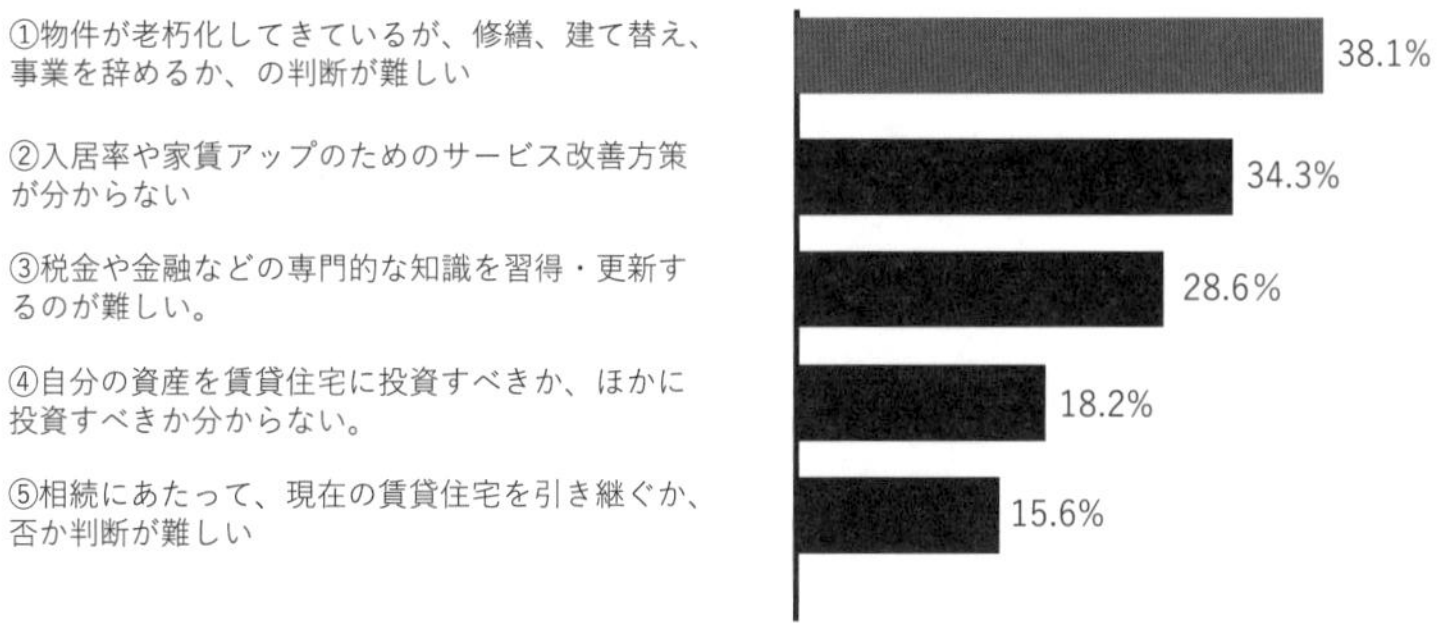
①物件が老朽化してきているが、修繕、建て替え、事業を辞めるか、の判断が難しい
38.1%
②入居率や家賃アップのためのサービス改善方策が分からない
34.3%
③税金や金融などの専門的な知識を習得・更新するのが難しい。
28.6%
④自分の資産を賃貸住宅に投資すべきか、ほかに投資すべきか分からない。
18.2%
⑤相続にあたって、現在の賃貸住宅を引き継ぐか、否か判断が難しい
15.6%

## 管理会社に必要なスキル

賃貸経営の悩みといえば、以前は空室が最も多かったのですが、昨今は上図にあるように多様化しています。

ここで一番大事なのは「賃貸物件を経営する」という経営者としての心構えです。賃貸経営では、いろいろな作業をアウトソースすることになりますが、絶対に丸投げをしてはいけません。また、「物件を買えば自動的にお金が入ってくる」という考え方も避けるべきです。

経営者の仕事は、判断と決断です。そのためにはまず状況の把握から始める必要があります。

管理会社は、年間の収入、キャッシュフロー、支出、物件の時価を算出して伝えてくれる存在であるべきで

す。時代は変化しているので、そこまでできる管理会社を求めるべきでしょう。

賃貸管理の業務は、まず情報サイトへ広告を出すことから始まり、入居者の審査、鍵交換など細かい仕事が多くあります。ただ、そうした作業だけでなく、アセットマネジメントができる管理会社が今後求められるようになるでしょう。

とはいえ、ずっと賃貸管理だけしかやってこなかった管理会社にとって、アセットマネジメントはかなりハードルが高いといえます。例えば、普段から売買に関わっていないので時価（今売ったらいくらか）も分からないでしょうし、付き合いがある銀行が1つだけでは提案のレベルも限られてくるでしょう。

地方都市では、そのエリアのシェアをほぼ独占している管理会社もありますが、そうした管理会社がアセットマネジメントできていないという場合は、アセットマネジメントの部分だけをアウトソースしたほうがいいかもしれません。例えば、管理会社から送付される報告書などを専門の会社に送り、年に1回計算してもらうというイメージです。

また、複数のエリアに物件を持っている場合、それらの情報をまとめる会社があったほうがいいでしょう。今、その部分はかなりデジタル化が進んでおり、スマホで確認できる時代になっています。

例えば、所有している5棟の管理会社がすべて違ったとしても、一括で確認可能です。

この部分は当社も力を入れている分野です。当社が管理していない物件も、ほかの管理会社から情報を預かってシミュレートすることが可能です。

最近は、首都圏各地に物件を所有しているオーナーも増えているため、必然的にそれらを組み替えたい需要は高まっています。すべて管理会社に委託できなくても、管理業務とアセットマネジメントを分けて発注するという考え方は今後さらに強まっていくはずです。

加えて、悪質な管理会社への対策も必要になってきています。一例として、札幌の物件を持つ関東のオーナーが、ずっと空いていると思ったら実は稼働していて、その家賃は管理会社が着服していた詐欺行為が発覚した事件がありました。

ほかにも、管理会社の仕事ぶりに疑問を抱くケースは多くあります。例えば101号室の修繕が発生し、まったく同じ内容が前の年に請求されていたため、「去年、まったく同じことをやりましたよね」と質問したら、「すみません、間違えました」と言われました。そう考えると、「昨年は本当に修繕していたのか?」と疑問を抱くことになります。

管理会社の仕事が変わってきているという意味では、客付けも当てはまります。かつては店舗に訪れて、いろんな物件を案内してもらうのが主流でした。しかし今ではスマホで物件を検索して、ある程度確度の高い状態で内見するのが当たり前になっています。

情報のアクセシビリティが高まった結果、入居者の奪い合いは人口減少も相まってさらに激しくなっています。いまや敷金・礼金ゼロやフリーレントなども珍しくはありません。その分、家賃を下げずに済ませたり、ペット可にして敷金を多めにとったりするなどの対応をとっています。ただ、ペット可の物件に関しては、需要は高いといえるものの、必ず規定を設ける必要はあります。

また今後は、外国人の入居者をしっかり入れていくことも求められるでしょう。外国人と聞くと悪いイメージを持つ方もいるかもしれませんが、しっかりコミュニケーションをとることができれば問題ありません。英語に不安がある日本人オーナー向けに、外国人の母国語で通訳するのがスタンダードになると思います。

もちろん、一方的に伝えるだけでは不十分で、相手の文化や風習を尊重した上で、日本のルールを分かってもらう必要があります。

最近は、外国人向けの保証会社やコールセンターもあります。コールセンターは、例えばベトナム人なら「ここの物件は燃えるゴミと燃えないゴミに分けてください」「燃えるゴミは月曜日、燃えないゴミは木曜日です」と伝えると、テレビ電話でそのままベトナム語に通訳されて話してくれます。自分、入居者、通訳の三者通話ができるということです。

このサービスを当社ではセットで入れていますが、今後はこうしたサービスを取り入れる管理会社が増えていくと思います。

ペット、外国人に続いて高齢者も入居者ターゲットとしては十分狙える層です。高齢者に対しては孤独死を恐れる人が多くいますが、今は「見守りサービス」もあります。

さらに敷金・礼金をゼロにするだけでなく、仲介手数料や保証料、火災保険料もゼロにする方法もあります。ただこの場合、短期解約の場合は違約金をとる契約にする必要があります。

## 自主管理の弊害

自主管理は趣味の領域です。実際、自主管理でクオリティが高いオーナーは見たことがありません。本当に投資として考えるのであれば、別のところに時間を使われたほうがいいと思います。

すでに知識や経験を持っている人ならうまくやれるかもしれませんが、軽い気持ちで行っている人は、やはりうまくできていません。向き不向きもあるでしょう。

不動産の管理というのは、想像以上に細かい作業です。中古物件のオーナーチェンジの際、賃貸借契約書を交わしていないことが発覚するケースや、何かを紛失してどこかへいってしまったなど、自主管理されているオーナーに多いのです。結果、売却するときに苦労することになります。

基本的に契約書は2年契約でやっていますが、更新時にはもともとの契約が生きることになり自動更新します。とはいえ、書類が紛失しているときは、もう1回整理し直して契約を巻き直すしかありません。

また、自主管理でありがちなトラブルとしては、親戚や友人などを格安で入居させているケースです。これは売却の際にハンデとなります。

「親戚の人が住んでいて、今は安く貸しているけど、売却した後はちゃんと相場どおり払うって言っているから大丈夫だよ」と言われても、「きちんと契約を交わしたほうがよいですよ」という説明から入らないといけません。

次に買う方は、やはり契約書がないと不安ですから。結局、売るためには、家賃を上げて契約を巻き直す作業が必要になり、少し面倒な部分も多い印象があります。

日本の場合は、借地借家法が著しくオーナー側に不利となり、用意周到に準備しておかないと、それをバトンタッチされた新オーナーも困ってしまいます。自主管理の場合はその辺が甘い人が多い傾向にあります。

ですから、そこもプロに任せたほうがいいと思います。放っておくと、あらゆることにおいて基本的にはオーナーが損をします。揉めたときには間に第三者が入っていたかどうかが重要になることもあります。やはり仲介業者というのは、入るだけの意味があるのです。

そう考えると、個人売買などもやめたほうが無難です。仲介会社の身でそれをいうとポジショントークに思われるかもしれませんが、仲介会社には手数料をいただくだけの責任があります。仲介を入れることは大きなリスクヘッジでもあるのです。

また、オーナーのほうも今後は世代交代が加速していくでしょう。60代中盤くらいが自分の資産をどう相続対策しながら子どもたちに継いでいくか、考える時期になっています。その子ども世代である40代はデジタルに対応できる年代なので、ここからデジタル化は一層進んでいくと予想されます。紙で収支報告をもらったり、FAXを送ることを求められたりすることはなくなるでしょう。

今はデジタル化が進んでいるので、そうしたところを仕組み化している会社のほうが逆にコストがかからない可能性も十分にあります。

## 管理会社の選び方

以前は管理会社といえば、地場の管理会社、もしくはエイブルなど大手チェーンから選んでいました。近年はこれらに加えて、弊社のように収益系の売買仲介業者が管理まで行っているケースや、全国をターゲットに管理専門で行っている会社もあります。

管理会社を選ぶときには、その地域の慣習や特性を理解しているかを基準に、投資家目線を持っているかに注目しましょう。

入居者の募集については、敷金・礼金や保証金、広告費の扱いが地域によって異なるケースがあります。管理会社自身がその特性を理解しているか、その提携している客付業者がそのエリアを得意としていることが重要です。

投資家目線とは、オーナーの物件の資産価値向上に協力的であることです。空室に対して「家賃を下げましょう」「広告費を増やしましょう」だけではなく、「いくらでリフォームし、家賃を設定すると、このような収益が見込めます」というところまで提案してくれると心強いです。

以上の点で、現行の管理会社もしくは、購入時に引き継ぐ管理会社を調査することで、より良い管理会社に出会い、投資運用を円滑に進められると思います。

## 管理会社との付き合い方

管理会社は業態的に、戸数が多くないと回らないビジネスです。より多くの戸数をより効率的に管理する仕組みが整っていなければ、会社が大きくなるほどクオリティが下がってしまいます。

不動産投資における細かい業務は管理会社にアウトソーシングすることをおすすめしていますが、定期的に管理会社が適切に業務を行っているかチェックするとよいでしょう。例えば、収支報告書や清掃履歴、修繕予定などを確認してみて、気になる点があれば管理会社に尋ねてみましょう。

こうすることで、管理会社も適度な緊張感を持って物件を見てくれますし、良いパートナーシップを築くことができます。

ただし、業務の内容に細かく口を挟んだり、1円でも管理費や修繕費を安く済ませようとしたり、やりすぎるとかえって嫌われてしまうので、ちょうどよい緊張感にとどめておくことをおすすめします。

また、定期的に他の管理会社のセミナーを受けたり、説明を受けたりして、新しい情報がないかチェックするのもよいでしょう。

修繕や工事の斡旋も管理会社の仕事の一つです。その発注にも施工業者の利益に加え、管理会社の手数料が乗ることになりますが、選定・発注・日程調整・施工管理といった手間を考えると、この手数料を惜しんで自身で動くよりも、賃貸経営者として、手間賃を払って仕事をさせるという感覚でいたほうが建設的です。それによって空いた時間を、本業や投資の勉強・実践に充てたほうが前に進むと思います。

もしこれらの管理業務のなかで信頼できないと判断した場合は、管理会社を替えることも選択肢の一つです。管理替えは新しい管理会社に一報入れれば、あとは新管理会社が契約の移管を行ってくれるのでオーナーの手間はそれほどありません。

オーナーの資産拡大に向けて、一緒に前を向いてくれるビジネスパートナーとして管理会社を選び、付き合っていくことが重要です。

## 火災保険の有効活用

経年劣化（古くなって壊れたケース）は仕方がありませんが、支払いをオーナーに求める前に、火災保険が適用されるのかどうかを確認して提案できるのが望ましいです。

契約している保険内容にもよりますが、大雨や台風、雪といった災害に対して保険適用するケース、不審者のいたずらによる被害で郵便ポストが壊れた、通りすがりの車が塀にこすって門扉がゆがんだといったような、不慮の事故に対して保険適用するケースがあります。

不動産オーナーにとって使える保険はかなりあります。特に近年では、耐火技術の向上によって木造であっても燃えにくくなっています。すなわち、火災のリスクはどんどん減ってきているのです。

それに対して、増えているのが自然災害リスクです。台風、震災、雪災、落雷――実際の保険請求ではこれらの自然災害のほうが火災を上回っています。

火災保険は火災に対する備えというよりも、あらゆる災害から建物財産を守るための保険という意味合いが強くなってきています。

火災保険でお金を払っているわけですから、保険を使うのは当然です。保険をきちんと使いこなすことは、思った以上に金銭的な効果があります。

また、あくまで保険は金融商品となり、保険を使うためにはルールがあります。そこで大切なのは、契約条件です。

あらかじめ契約条件で約束したものにしか保険金は支払われません。あくまで契約に基づいた条件が満たされたときにしか、保険は機能しないのです。

ただ、それは物件によっても変わるところがあります。新築なのか、中古なのか、また建物の場所が風水害を受けやすいエリアか、などを考慮して特約を選ぶ必要があります。保険に詳しくない会社だと、明らかに高台の上に建つ不動産なのに、水害向けの保険特約が付帯されていたり、逆に水害ハザードエリアであるのに水害向けの保険特約が付帯されていないといったことがあります。

もちろん、すべての修繕が保険対応するわけではありません。「退去して壁紙貼り替えますよ」というようなケースでは、当然ですが保険対応は不可です。ただしケースによっては保険で対応できます。

どういったケースでどのような補償が受けられるのかを、オーナー自身がすべて把握するのは難しいので、やはり信頼できる保険会社の代理店、担当者と付き合うことが大切です。同じ保険会社の同じ商品であっても、代理店や保険担当の営業マンがどのように対応してくれるのかということで、大きく差が出ます。

当社で管理している物件や売買仲介を行った物件では、火災保険についてもコンサルティングを行っています。何かあったときには火災保険の適用ができるか確認を行います。

そういった環境にない場合は、オーナー自身が勉強するしかありません。ただし、先述したとおり、新築物件に合う保険の入り方、築古物件に合う保険の入り方など、物件によっても変わる部分があります。

なお、融資を受けるときに銀行が保険会社をすすめてくることもありますが、それは断っても大丈夫です。特定の保険を強要することはできません。

ただし手続きとしては、銀行が代理店となっている保険に加入したほうがスムーズにいきます。質権設定されているから断れないと感じる人もいますが、投資家が選んだ保険で質権設定してもらうことは可能です。

**質権設定**

質権設定とは、火災保険などで保険契約をした物件が災害に遭ったときの保険金を請求する権利（保険金請求権）を被保険者が他人（質権者）に質入れすることをいいます。

この場合、質権者は金融機関となります。

## 建物メンテナンスには3種類ある

賃貸経営において、建物維持も大切なポイントです。

ある程度コストを考えて建物をメンテナンスしていくことは必須で、そのためには、どのようなメンテナンス方法があるかを知っておきましょう。

**メンテナンスの種類**

予防メンテ……先回りして行うメンテナンス。
矯正メンテ……発生してしまったことに対して行うメンテナンス。
繰り延べメンテ……今はやらないというメンテナンス。

それぞれをどのように判断してやるかがポイントになります。屋上防水などは「予防メンテ」です。水漏れなどの場合は「矯正メンテ」です。そろそろ屋上防水をやったほうがいいけれど、来年売却するのでやめておこう――それが「繰り延べメンテ」です。

予防メンテとは、先回りして行うメンテナンスを指します。例えば、水漏れなどがあれば、とにかく緊急で対応しなくてはいけません。また、夏場にエアコンが壊れたというケースも、一刻も早い対応が求められます。このような救急サービスというものは基本的に工事費は割高になります。

予防メンテを先にやっておくことで、トラブルが起こりにくくなり費用も割安で行えます。

夏の前、まだエアコンが安い時期に交換しておけば数万円は変わってきます。その他の工事でも見積もりをとって安く行うことができます。こういった設備の入れ替えや工事は空室のときにやってしまえば、入居者にも迷惑をかけなくて済みますし、また、「エアコンを替えたばかりです」というのは入居者にアピールできますので、客付けにも有利になります。

逆に繰り延べメンテというのは、出口を1~2年後と考えたときに、そのメンテナンスをしたことによって高く売れるのか、直したところで売値に関係ないところであれば、やらないという選択もあるということです。

古い物件を解体して、土地として販売するというところであれば、新たに建物をメンテナンスしても仕方ありません。だからあえてメンテをやらないと判断する――そういうものが繰り延べメンテです。

## リフォーム業者の選び方・発注の仕方

次に工事会社の選び方、発注の仕方です。屋上防水、外壁塗装といった金額が高い工事では複数見積りは必要ですが、１円でも安くしたいあまり、質が悪い業者さんに当たってしまう可能性もあります。

特に防水というのは素人には分かりにくい部分なので、安さを追求するよりも、ある程度信用がある業者に頼みたい工事です。

また、良心的な金額で良い工事を行っている業者は人気があります。繁忙期に頼もうとすると、忙しくて対応してもらえないこともあります。そのため人気のある業者に頼むときは、閑散期を狙って工事を頼むのも手です。繁忙期を外すことで、早い工期で対応してもらえたり、丁寧な施工をしてくれたりといったさまざまなメリットがあります。

ここ何年かは職人さんが少なくなっていますので、繁忙期には結構工事を断られることが増えているように思います。特に投資家は価格にシビアでコスト意識が高いので、断られることも多いのです。ですから、予防メンテを時間にゆとりをもって行うことがポイントです。

緊急の対応が必要な場合は、管理会社からリフォーム業者を手配してもらうほうが早いです。

リフォーム業者と火災保険の請求はセットになってくるケースも多く、物件ごとにある程度決まった業者さんがいたほうが細かい工事も頼みやすいし、臨機応変に対応してくれます。

これも考え方がいくつかあり、管理会社へのマージンは無駄だから、全部自分で手配するという投資家もいれば、管理会社とは良好な関係を築いておきたいので、よっぽど金額のかさむ工事以外は管理会社に任せるという投資家もいます。

なんでも自分でやろうとしていると、やはりそれだけ手間暇がかかります。ある程度は仕事を外注して、その分の手数料としてある程度払うのは仕方ないという考え方です。

これは、投資家それぞれの考え方で良いと思います。

また、あまり細かいお金にこだわるのも考えものです。いかに安くできるかばかり追求すると、結局、業者さんからも嫌われてしまうので、節約したお金以上のものを失っているように思えます。あまりに安い業者だと、まともに教育していない職人を手配したがゆえに、施工後のトラブルが絶えず、やり直しになってしまう事例も散見されます。丁寧でしっかり施工する業者は、妥当な金額で仕事を受注できますので、無理に安い仕事を受けません。異常に安い業者には注意するとともに、やはり一般的に妥当な金額は支払うつもりを持っておいたほうがよいと思います。

そのほか、業者が途中で倒産した、手抜き工事が行われたといったトラブルに遭うケースもあります。

# 第5章

# 法人化の嘘

## 「〝5棟10室〟になってから法人化しなさい」は嘘

## 不動産投資における法人は〝2種類〟

不動産投資における法人には、「資産管理法人」と「事業法人」の2種類があります。どうしたら事業拡大できるかを考えたとき、おすすめするのは法人を育てて事業レベルにしていくことです。それが「事業法人」です。

個人の資産管理法人が融資を受ける際には、あくまで個人の審査となります。事業規模の法人だと、法人単体での審査になります。

まずは、個人の資産管理法人として始めることになります。

では、個人の資産管理法人から事業規模法人になるにはどうすればいいのでしょうか。まさにその方法が、出口を見据えつつ反復継続しながら投資をしていくというものです。さらに加速させるのなら、正式に宅建業を取ったほうが融資の枠も広がります。

ここでいう事業規模とは、最低でも黒字で3期分、かつ年商もそれなりに必要になってきます。年商は大きければ大きいほど望ましいです。

年商を上げるためには家賃収入だけでは難しく、やはり売却することが必要になります。

## 不動産の保有方法

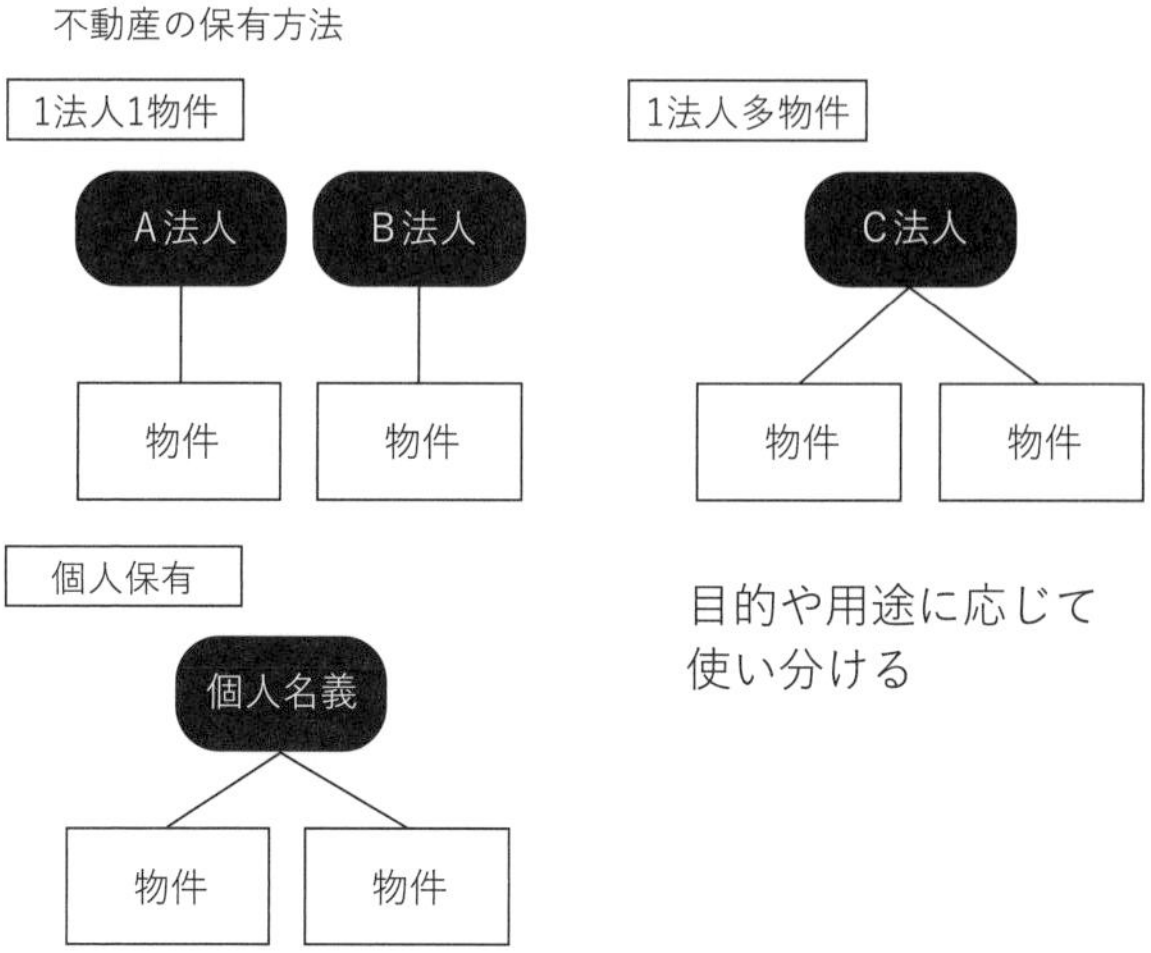


個人投資家の場合、資産管理法人になると買った物件を長期間所有するのが前提になり、「売却をすると銀行に対してネガティブな印象を抱かれてしまう」と考えがちですが、実際はそんなことはありません。

もちろん、「売らないでくださいよ」と言われるときはあるでしょう。銀行によっては期中の繰り上げ返済に対して手数料を取るところがあるので、そこはチェックしておいたほうがいいです。ただ、それも交渉で外すことができる可能性はあります。

加えて「次にこの物件を用意するので、入れ替えでお願いします」と言えば、売却がネガティブにならないこともあります。交渉次第です。

事業法人の場合、やはり黒字のほうが望ましいです。ただし、時々、企業などは決算書を良くするために、減価償却をせずに黒字にするというケースもありますが、それはおすすめできません。また、いくつかの法人で物件ごとに持つパターンもあれば、個人名義で持つパターンもあるし、一つの法人でいくつか持つパターンもあるでしょう。

ただ、事業としてやっていくのであれば一つの法人に売上を寄せたほうが規模拡大のスピードは速くなります。

## 法人になるべき真のタイミングとは?

不動産投資の事業規模として、目安になる規模が「5棟10室」です。これは個人の確定申告で青色申告を行う際の基準となっています。

この規模になれば、「事業として認められる」ということで、これをきっかけに法人設立を検討されるサラリーマン投資家も多いようです。

法人になるタイミングですが、私は、最初の1棟目購入の時点から法人化するのがいいと考えます。属性と金融機関の関係で、法人名義で使える銀行がある場合に限ります。

私自身も個人で物件を買ったことはありません。私は28歳から買っていますが、最初から法人名義です。

最初から法人で買うのには理由があります。まず、不動産投資での収入は月々の家賃収入・自販機などの雑収入・物件売却時の売却益の3つがあります。この収入に対して法人の場合は、ほかの所得と合算できる「総合課税」となりますが、個人の場合は家賃収入と雑収入は「総合課税」、売却益に関しては「分離課税」となります（150ページの上図参照）。そして、個人の売却益には「短期譲渡税」「長期譲渡税」があり、所有期間によって税率が大きく変わってしまうのです（150ページの下図参照）。対して法人の場合は所有期間にかかわらず法人税となります。

また、個人の場合だと今の収入に家賃収入がプラスされるので、累進課税で個人の所得税がどんどん上がっていきます。個人の場合ですと、そこでの節税方法がほとんどないのです。

生命保険の所得税控除も最高で4万円です。だから100万円の生命保険に入っていたとしても、控除できる額はそれ以上増えないのです。

それに比べて、法人の場合は、さまざまな節税の仕方があります。年収が高く、ある程度買い進みたい人であれば、最初から法人で購入するのをおすすめします。むしろ個人で

## 個人と法人の売却益

| 不動産投資の収入と税金 | 個人 | 法人 |
| --- | --- | --- |
| 家賃収入 | 総合 | 総合 |
| 雑収入（自販機など） | 総合 | 総合 |
| **売却益** | **分離** | 総合 |

※総合課税・・・ほかの所得と合算できる
※分離課税・・・ほかの所得と分離する

## 売却益にかかる税金

| 売却益にかかる税金 | 個人 | 法人 |
| --- | --- | --- |
| 5年未満 | 短期譲渡税（39%） | 法人税 |
| 5年以上 | 長期譲渡税（20%） | |

買う必要性はないように感じます。

ただ、自分の属性や年収、残債によって、使える銀行が決まってきます。さらにその使える銀行のなかで、「法人名義でもいいですよ」という銀行となると、また限られてきます。法人で融資を受けるのは、確かにハードルが高いイメージがありますが、審査に限っていえば、法人名義で可能な銀行であれば、基本的には審査は個人と一緒です。

ただ銀行によっては、個人の場合はパッケージ商品が用意されていて、築古物件など本来は借りにくい物件にも融資を出しています。一方で法人の場合は、パッケージローンではなくて、プロパーローン（案件ごとのオーダーメイド）になってしまうことが多いです。

業者のいうとおりに買ってしまったケースでいえば、いわゆる地銀のパッケージローンを個人で使い切ってしまうと買い進めるのが難しくなります。

持っている資産にもよりますが、こうなってしまえば法人として買うこともできなくなってしまう場合があります。

## 「宅建業を目指す」のは選択肢になりうる

過去には、法人では融資が通りづらく、個人のほうが使いやすい金融機関があったため、個人で買いやすかった時期がありました。

ですが、現在では個人・法人の差は少なくなってきているため、始めから資産管理法人として設立し、ゆくゆくは不動産投資の最終形である「宅地建物取引業（宅建業）」としての法人を目指していくのがよいかと思います。

なぜ宅建業を目指すのかというと、規模拡大にはどうしても反復継続した売買が必要になってくるからです。一つの不動産投資は購入・運用・売却によって完成するため、規模を大きくするには購入と売却を繰り返す必要があります。個人でも購入・売却を繰り返すと宅建業法の「反復継続」に該当するため、宅建業が必要なのですが、実際のところ特に摘発されたりはしていません。しかし、宅建業を保有していれば堂々と繰り返し売買することができますし、年商が立ちますので金融機関でも事業融資として相談しやすくなります。

これらの点から、不動産投資の最終的な姿として「宅建業を目指す」というのは一つの選択肢になり得ると考えます。

もちろん、宅建業を開業するには宅建士が必要ですし、開業にかかる保証金や登記する事務所なども必要になってきます。概算で400万円くらいかかるため、規模が小さい間は宅建業にしないほうがいいと思います。ですが将来的に目指す先として宅建業があるため、税金面なども考慮して最初から法人でスタートすることをおすすめします。

ちなみに宅建業になると何が変わるのかというと、まず宅建業者には5人に1人の専任宅建士を置く義務があるため、ご自身または配偶者等が宅建士を取得して専任宅建士として登録する必要があります。また、宅建業者になると契約書等を作る機会が出てきてしまいますが、基本的には個人で売買するときと同じと考えてよいです。注意すべきなのは仲介を挟まずに個人に売却するときで、この場合では業法に基づいて調査・契約書作成を自分で行う必要が出てきてしまいます。難しければ仲介を挟むことで仲介業者にその業務を委託できますので、どうしてもご自身で契約書を作成しなければならないという場面はありません。

まとめると、現在の市況では個人と法人で融資の差は一部を除いてほとんどないため、税金面や規模拡大を含めて最初から法人でスタートすることをおすすめしています。規模拡大を見据えると宅建業取得という選択肢もあります。

## どんな人が特に法人にした方が良いか

先述したとおり、一般的に法人化を考えたときに出てくるのは「事業規模」です。税務上では「5棟10室」が事業規模の目安とされています。

一口に5棟といっても6室のアパートが5棟あるのか、30室のマンションが5棟あるのかで事業規模が大きく変わってくるのですが、そこにこだわって法人化するのはやめましょう。

法人化のタイミングを考えたときに、最も大事なことは事業規模ではなくて、その投資家の年収です。それから、どれだけ買い進めたいのかということも関わってきます。

買い進めていくことを考えた場合では、資金調達は必須事項です。法人を分けることで無限に借りられた時期もありましたが、現在では厳しくなっています。新規法人を設立した場合でも、信用面は個人にかかってますので、特別借りやすくなるというわけではありません。ですが、そもそも不動産投資でお金を借りられる人には、属性が良く年収の高い場合が多いです。つまり、もともとの所得税率が高いわけです。サラリーマンで得ている所得に対して不動産収入が入ってくると、そこに所得税がかかってきます。

## 所得税率

| 課税される所得金額 | 税率 | 控除額 |
|---|---|---|
| 195万円以下 | 5% | 0円 |
| 195万円を超え　330万円以下 | 10% | 9万7500円 |
| 330万円を超え　695万円以下 | 20% | 42万7500円 |
| 695万円を超え　900万円以下 | 23% | 63万6000円 |
| 900万円を超え　1800万円以下 | 33% | 153万6000円 |
| 1800万円を超え　4000万円以下 | 40% | 279万6000円 |
| 4000万円超 | 45% | 479万6000円 |

そのため、不動産投資での利益がたとえ数百万円程度であっても、個人の場合は累進課税ですから、税率がさらに高くなってしまいます。最高税率であれば半分近くが税金となります。

そうすると、多少儲かってもあまり意味がありません。そういった問題を考えた際に、法人のほうが使える手が多いのです。

そのほか、法人のメリットをいえば、「役員報酬で家族へ所得分散できること」が挙げられます。

また、役員退職金や生命保険を使った節税対策が可能となり、相続税発生時に土地評価の減額が可能です（サブリースと物件所有時）。最後に赤字決算となっても、欠損金の繰越ができます。これは、個人で3年間、法人で9年間と決められています。

一方、法人のデメリットとしては、コストがかかることです。法人を立ち上げるための費用、毎年の法人住民税、税理士費用も個人に比べれば高くなります。しかし、普通に個人で買うことに比べると、そこを打ち消すぐらいのメリットがあると思います。

節税の効果も大きいですし、特に所得税の高い、年収が1000万円以上ある人であれば、個人で買うメリットはまったくないと思います。

個人の所得税は、住民税の10%をプラスすると、最高税率は55%になります（※住民税は所得にかかわらず10%）。

## 法人をどうつくればいいのか

法人にするというのも、税金が絡むと難しく感じます。不動産投資における法人には種類があります。管理法人と所有法人です。

**会社の種類**

会社形態は「株式会社」「合同会社」「合名会社」「合資会社」の4種類があり、不動産投資では、「株式会社」「合同会社」が向いています。

・合同会社　合同会社は新会社法で新たに認められた会社形態で、少ない設立コストで済むのが特徴です。有限の間接責任を負います。

・株式会社　株式の引受価格を限度とする有限の間接責任を負う株主だけからなる会社。会社法改正により資本金規制が撤廃され、1人でも株式会社が設立できるようになりました。

**不動産投資における会社の種類**

・不動産管理会社　個人もしくは他の法人が所有する賃貸不動産の管理運営を行う法人。

・不動産所有会社　保有法人は資産そのものを法人で所有する個人の資産管理会社です。

基本的な考え方でいえば、不動産管理会社は、個人の不動産所有会社の管理のみを行います。所有会社から管理会社へ移せる利益は、家賃収入の5～8％程度が目安とされています。

サブリースでは、個人所有の不動産を法人がオーナーから満室時家賃総額の85％から90％を目安として一括借り上げを行い、法人に収入を移行させる手法です。このあたりの判断は税理士によっても見解が変わる部分です。

**2種類の管理方式**

・管理委託　集金業務、入居者あっせん、契約更新、トラブル対応、建物維持といった賃貸物件に係る管理業務全般を委託する。

・サブリース　物件を一括賃借して、分割またはそのままの規模で第三者に転貸する事業形態。

## 法人化が会社にバレる可能性は？

サラリーマン投資家が法人化を検討するときに、最も懸念されるのが「会社の副業規定に抵触するのではないか」ということです。よく質問を受けるのですが、自己責任ですので、よく考えたほうがいいです。

ここで簡単に説明しますと、個人に配布されるマイナンバーとは別に、法人に対しては法人番号があります。マイナンバーについては個人情報ということで取り扱いが慎重になりますが、法人番号は一般に公開されています。国税庁のサイトで簡単に検索することもできます。

ただし、ここで出てくる情報は、法人番号、法人の名称、法人の所在地の3つだけです。今後はこの3つだけでなくて、もっと＋$\alpha$になる可能性もあるのではないかといわれていますが、私は多分ないと考えています。

個人のマイナンバーというのは、かなり厳重に管理されています。そこに例えば、法人マイナンバーに代表者、代表者の住所を入れるとなると、個人情報保護の観点から大きな問題になると思います。ただ、もしこの2つが入ってくる場合は法人の特定がされやすいでしょう。

会社員や公務員が法人を持つ場合、副業規定に触れる場合もあります。そこに関しては、やはり自己責任です。副業規定を回避するやり方としては、配偶者を代表者にしている人が多いです。

どこまでが副業になるかは各社で規定がありますので、よく確認してください。その上でやるかどうかは自己判断です。

## いかなる場合でも投資はすべし

ここまで法人でスタートすることをおすすめしてきました。ただ属性や金融機関によっては個人で進めざるを得ないこともあります。そのときは法人化にこだわらず、個人でもできる投資を始めていくべきだと考えています。

ポジショントークに聞こえてしまうかもしれませんが、投資をしなければ資産を増やすことはできないので、何かしら今できる投資を始めたほうがいいです。投資は不動産に限らず株式・信託・保険・為替などたくさんありますので、しっかり投資効果とリスクを分析して挑んでほしいです。

不動産投資については、最近、不動産特定共同事業法の電子取引業務が緩和されたことでクラウドファンディングが活性化し、少額でも不動産投資を始めやすくなりました。

投資未経験者にとっては「○○だからやめたほうがいい」と理由をつけて諦めてしまいがちですが、それは非常にもったいないことです。２０２３年現在、「今は景気が悪いからやめたほうがいい」と考える人もいますが、景気が悪ければ不動産価格が下がり利回りが上がりますし、逆に景気が良くなれば融資が開くのでこれもまた買い時といえます。例えば２０１８年以前の不動産投資バブルの時期に買ってはいけなかったのかといえばそういうわけではありません。

いかなる市況・景気であれ、投資分析を行って数字が合えば買うべきですし、数字が合わなければ買ってはいけないのです。

したがって、景気や市況で投資の是非を判断するのではなく、常に投資はするという前提のもと、「数字の合う投資」に着手していけばよいのです。

ちなみに弊社では、「DAIMLAR FUND (https://daimlar.info/)」として、不動産投資クラウドファンディングを提供しています。１万円から始められ、不動産投資の疑似体験ができます。弊社以外にも多数の事業者が展開していますので、クラウドファンディングポータルサイトなどでぜひ比較検討してみてください。「BLITZ クラウドファンディングポータル (https://blitz-fundportal.jp/)」

第6章

# 税金対策の嘘

## 「不動産投資で節税できる」は嘘

## やっても意味がない節税とは？

「新築の区分マンションを購入して節税しましょう」という営業トークを耳にしたことがある人は多いでしょう。私にもよく同じような営業電話が来ますが、新築区分マンションで節税対策というのは、まったくおすすめできません。

新築区分マンションの営業マンが言うのは、「節税対策」をはじめ、「将来の年金代わり」ですが、どちらも嘘です。新築の場合ですと、要するに「マイナスを出して所得税が下がる」「所得税還付」を狙っています。

まず、所得税の還付について簡単に説明します。給与等から源泉徴収された所得税額や予定納税をした所得税額が年間の所得金額について計算した所得税額よりも多いときは、確定申告をすることによって、納めすぎの所得税が還付されます。

つまり、不動産投資で利益どころか損失を出しているため、税金が戻ってくるのです。給与収入の高い、所得税率の高い方であれば、還付金はあれば助かりますが、でも、それは一面しか見ていません。

節税目的で始めた新築区分マンション投資は、ローンの支払いに管理費・修繕積立費といった支払いが月々の家賃収入を上回るケースがほとんどです。ローンを支払うとそのマイナス部分がかなり大きなこともあるので、節税した効果と、その新築物件を買った投資の赤字、通算して考えてみると損をしているケースが大半です。これでは、やっている意味がまったくありません。

ひどいケースになれば、収支の合わない、かつ担保価値の低い新築区分マンションを持っていることで、債務超過となり、融資を受けられなくなることもあります。

こうなると、利回りの良い物件を買って、新築マンションの損失を補填しようと考えてもどうにもなりません。売却するしかないのです。

しかし、新築マンションは、人が住んだ瞬間に価値が下がります。フルローンで購入することも多く、たっぷり残債があるため、売却するにはさらにお金が必要になってしまうのです。

市況が良いときは、チャンスといえますが、それでも残債を下回る価格でしか売れないケースがほとんどです。

また、毎月損失の出ている物件を何十年所有した結果、年金代わりになるかといえば、最終的に残るのは築古の区分所有マンションです。メンテナンスコストもかかりますし、古くなればリフォームも必要でしょう。間取りタイプも古くなり、ニーズがあるのかといえば、それも難しいところです。

なぜ、このような物件を買ってしまうのかというと、おそらく営業力が強いからでしょう。

ただ、新築区分マンション投資が１００％失敗というわけでもありません。

タワーマンションでファミリータイプの新築を買って、タイミングよく売り抜けて儲かっている人や、立地のいいマンションを買っていたので最終的にはプラスになったという人も実際にいます。ただそれは、本当に一握りの話です。

テレアポから営業電話がかかってくるような新築のワンルーム区分マンションは、失敗率が非常に高いので入念にシミュレーションしたほうがいいでしょう。

## 減価償却と簿価について考える

減価償却というのは、税金上、所有している資産（償却）が使っていくうちに価値が目減りしてくるような計算をして、毎年毎年、経費計上していくものです。

償却資産は、国によって法定耐用年数が定められています。

この減価償却を経費として計上することで節税するという方法がよく営業トークで用いられますが、いつでも成り立つわけではありません。
例えば、法定耐用年数を超えた築古物件を個人で購入して、一気に引き落とす減価償却は、スナップショットで見れば節税できていますが、ビデオで見ると結果的に損をしている場合もあります。なぜでしょうか？　減価償却の仕組みから説明していきます。

**減価償却費の計算**
・法定耐用年数をすべて経過したもの
法定耐用年数×0・2＝残存耐用年数
・法定耐用年数を一部経過したもの
法定耐用年数－経過年数＋（経過年数×0・2）＝残存耐用年数

簿価というのは帳簿価額という意味です。現在の減価償却がどれくらい残っているかということです。

## 簿価とは

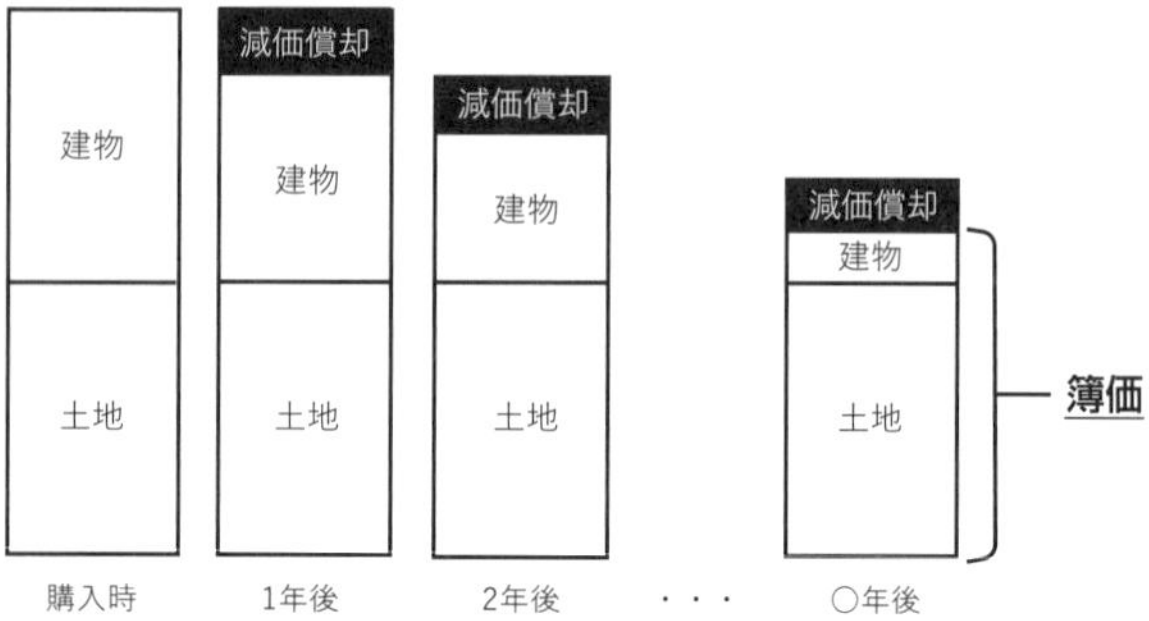


売却時
売却価格－**簿価**－諸経費＝売却益
売却益×税率＝税金

例えば、2000万円の物件（建物1000万円、土地1000万円）を購入したとします。建物は減価償却できますが、土地はできません。なので、この建物の1000万円を5年で減価償却していくとすると、毎年200万円を減価償却費として計上できます。減価償却を始めて3年後だと、建物400万円＋土地1000万円でこの物件の簿価は1400万円となります。このタイミングで1500万円で売却した場合、帳簿上の利益は1500万円－1400万円で100万円となります。この帳簿上の利益に対して税金がかかるため、帳簿上の利益をなるべく小さくすることで手残り金を増やすことができます。

　築古で減価償却期間が短い物件を購入すると、早い段階で減価償却が終わってしまい、簿価が減ります。すると売却時に帳簿上の利益が出すぎてしまい、結果的に税金が多くかかってしまうことがあります。節税目的で減価償却を目当てに購入しても、結局売却時に税金がかかってしまうパターンです。

大事なのは「簿価（帳簿上の価格）」と「時価（今売るといくらになるか／実勢価格）」は違うという点です。法人でも同じですが、減価償却は計画的に利用しないと節税効果を生まないどころか逆に税金が増えることもあります。例えば、築古木造住宅を節税目的で購入して、減価償却が終わった瞬間に家賃収入や売却益が個人所得に算入されて所得税率が上がってしまい、結果的に大損してしまうケースがあります。

減価償却は節税に有効ですが、しっかり期間中・売却時を計画して利用しないと思わぬ痛手を負うことになります。

ずっとサラリーマンだった方にとって税金は身近ではないかもしれませんが、資産を形成する上で税金は切り離せない問題です。不動産の価格には「簿価」と「時価」があり、税金を計算する上で重要であることを改めて知っておきましょう。

## そもそも減価償却とは何か？

税金はすべて、帳簿上の数字で計算されます。

そもそも減価償却とは何かというと、時間の経過や使用によって価値が減少するものが、その年数ごとに帳簿上の価値が減少していくので、それを経費として引くことができるのです。

減価償却ができるのは建物だけで、土地は減価償却できません。土地は時間の経過で価値が減少するものではないからです。市況によって値段は下がる可能性はありますが、建物のように経年で劣化していくことはありません。

1000万円の物件で、帳簿上、土地が500万円、建物が500万円。この建物の500万円を、新築であれば、木造の場合は22年、RCの場合は47年かけて償却していき、最終的には建物の価値はゼロになります。したがって帳簿上、その不動産の価値は土地代だけの500万円になります。

減価償却には決まりがあり、固定資産税の減価償却の手法として、次の2種類の方法がありますが、不動産の場合、定額法が採用されます。

**減価償却の方法**

・定額法……固定資産の耐用期間中、毎期均等額の減価償却費を計上する方法
・定率法……固定資産の耐用期間中、毎期期首未償却残高に一定率を乗じた減価償却費を計上する方法（最初に多く落とせる）

よく使われている節税手法というのは、木造の耐用年数22年を超えた物件を購入した場合、その建物に関しては耐用年数×0・2の4年で償却できますので、建物が500万円の場合、この500万円を4年で償却、つまり500万÷4で、毎年125万円を経費枠として落とすことが可能です。

個人で購入している場合は課税所得が低くなります。

ところが、減価償却を使うとその分だけ簿価も減っていくので、売るときにプラスになるケースが多いのです。物件価格の売却価格が買ったときよりも安くなっていたとしても、

簿価がそれよりももっと減ってしまうと、帳簿上の利益が出てしまいます。
そこに個人の場合だと、短期譲渡税と長期譲渡税というのがかかってきます。短期譲渡の場合、その利益に対しての税金が39％かかります。また、売却しなかった場合、減価償却が終わると税負担も大きくなります。

本当に9割以上の人が、一瞬しか見ていないと感じます。重要なのは出口まで見て、本当の節税効果があるのか調べることです。

## 知っておきたいデッドクロス

175ページの上の図はキャッシュフローツリーで、現金の計算と税金の計算を比較したものです。現金の計算では、満室時収入から空室損と運営費が引かれた後、返済のために利息と元金が差し引かれます。これがＢＴＣＦ（税引き前キャッシュフロー）です。一方、税金の計算では、途中まで同じですが元金を経費に計上することはできず、代わりに減価償却費を計上します。減価償却費が大きいほど帳簿上の利益を減らせるので支払う税金は小さくなります。減価償却費（定額法）は一定であるのに対して、元利均等払いの場合は元金の割合が徐々に多くなってきます。すると、返済を進めている期間のうち、あるとき元金が減価償却費を上回るときが来ます。これがデッドクロスです。

現金の計算と税金の計算は違うことを認識していないと、思ったよりも手残り（ATCF）が減っていると感じる原因になります。

これを図で説明します。ローンの返済方法には、元金均等払いと元利均等払いがあります。元金均等払いは、元金が均等で、そのときの残債に応じた利息が上乗せされます。そのため初回の支払額が高く、返済が進むごとに利息が減り、毎回の支払額は減っていきます。

一方、元利均等払いは想定の返済期間にわたって支払額を一定にする方法で、初回は利息の割合が多く、返済が進むと元金の割合が増えてきます。

一般的には元利均等払いがほとんどで、元金均等払いを選べるケースは少ないです。ここでは元利均等払いでのデッド

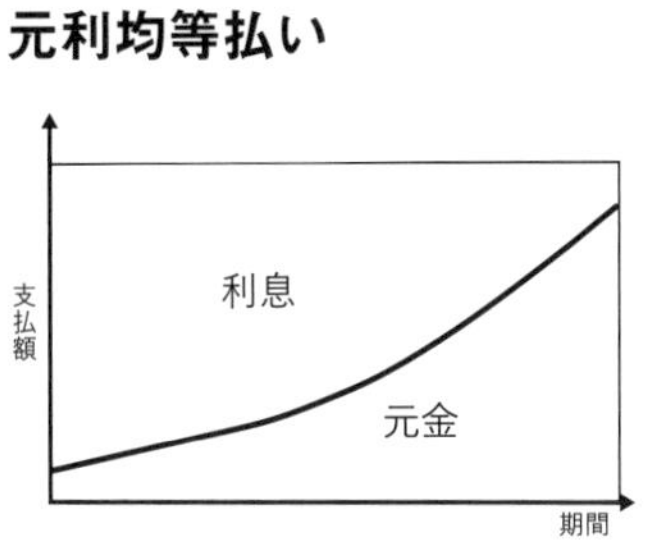

※一般的な支払方法

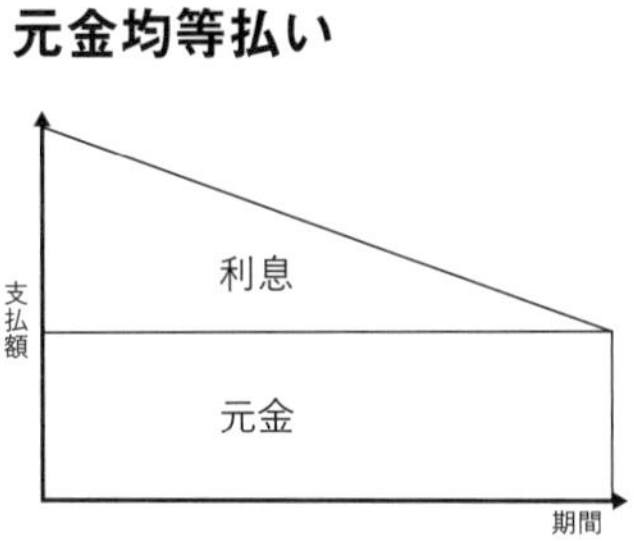

クロスを見てみましょう。

元利均等払いの「元金の増え方」と「減価償却費」を組み合わせると次ページの下の図のようになります。減価償却費は期間中一定ですが、元金は徐々に増えてくるため、元金が減価償却費を上回るときが来ます。この時点がデットクロスとなります。
①デットクロス前：元金よりも減価償却費が高い状態
②デットクロス後：元金よりも減価償却費が低い状態

## デットクロスを回避するためには

元利均等払いでは支払いが進むごとに税金は増えていきますから、収入面が上昇しない限り税引き後キャッシュフロー（ＡＴＣＦ）は減少していきます。ＡＴＣＦ悪化の対策として次の７つの方法があります。
①自己資金を多めに入れて購入する
②繰り上げ返済
③納税予定の資金を積み立てておく
④元金均等払いでローンを組む

## キャッシュフローツリー

| キャッシュフロー | 税金 |
| --- | --- |
| ＝GPI | ここまで同じ |
| ▲空室・未回収損 | |
| ＝EGI | |
| ▲Opex | |
| ＝NOI | ＝NOI |
| ▲利息 | ▲利息 |
| ▲元金 | ▲減価償却 (元金＜減価償却 が得) |
| ＝BTCF | 税務上の利益×税率＝税金 |
| ▲税金 | 減価償却が大きいほど税金は減る |
| ＝ATCF | |

## デッドクロスのチャート

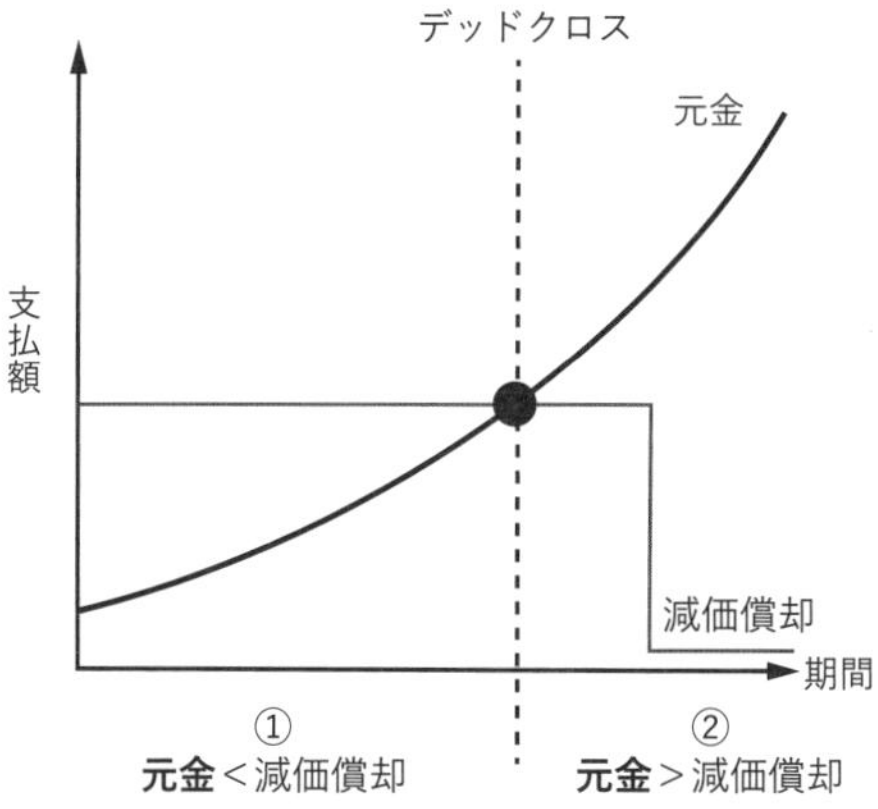


①減価償却が大きいので、税金が下がり、手残り（ATCF）が増える
②減価償却が小さいので、税金が上がり、手残り（ATCF）が減る

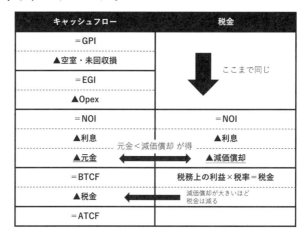

⑤借り換え
⑥新規物件を購入
⑦売却
それぞれ見ていきましょう。
①自己資金を多めに入れて購入することで、減価償却費は変わらないながらも総支払額が減るため、元金の上昇は緩やかになります。これによりデッドクロスを遅らせることができます。
②繰り上げ返済は、その年以降の元金と利息が減りますので、デッドクロス前の状態に戻すことも可能です。
③納税予定の資金を積み立てておく。融資条件が決まった段階で、デッドクロスがいつ来るかはシミュレーションで予測できます。事前に資金計画を立てて、納税資金を用意できればデッドクロスは問題にはなりません。
④元金均等払いでローンを組む。元金均等払いは元利均等払いに比べて総支払額が少なく、元金の返済が進みやすいので、キャッシュフローに余裕があれば選択したい方法です。選択できるかどうかは金融機関によりますので、事前に元金均等払いで審査が可能か聞いておくとよいでしょう。

⑤借り換えは、ローンを組み直すので元金の割合が減り、デッドクロスを遅らせることができます。ただし、減価償却期間は借り換え前から継続してますので注意しましょう。

⑥新規物件購入は、新しい物件の減価償却が使えるため、資産全体でデッドクロスを遅らせられる場合があります。もちろん、新しい物件にも返済の元金と利息、デッドクロスがありますので試算すべきでしょう。

⑦売却は、ATCFの効率が悪くなってきた物件をより効率の良い物件に組み替えるのに良い方法です。事前のシミュレーションでATCFの効率が悪くなる時期を確認しておき、その時期に合わせて状況を見ながら組み替えることで、高い効率を維持して運用できます。

以上の点をふまえておすすめなのは⑥と⑦の組み合わせで、資産を組み替えていくことです。減価償却と元金のバランスのところで、税金を払った後にキャッシュフローが出ているのか出ていないのかを確認して、より投資効率がいいものに入れ替えます。もちろん、売却をして収支がどうなるかを精査することは必要です。損を出して売却をしてデッドクロスを回避するというのは現実的ではありません。所有物件の今の相場を調べて売却益がどれくらい出るのか、所有物件の収支と組み替える物件の収支を比較する必要があります。

また、組み替える物件が必ずしも新しい物件でなければいけないというわけではありません。例えば、耐用年数を超えていても減価償却することはできます。例えば築30年の木造でも、必ず4年は減価償却とれるので、4年間で経費計上することができます。もちろん、その後をどうするかを考えておかなくてはいけません。

## 経営者としてアウトソーシングを活用しよう

ここまで税金の話をしてきましたが、投資家が自力で計算し、税務処理を行う必要はないと思います。あくまで、こういう仕組みになっているという全体像を把握することに努め、その細部は専門家に任せたほうが有意義に時間を使えます。

例えば、経営者である会社の社長も営業から経理、事務まですべて一人でやらなければならない訳ではないですよね。もちろんその仕事の全体観は把握するべきですが、実務は担当者に任せ、経営者は経営に専念すべきです。

特に不動産賃貸経営は大部分のアウトソーシングが完成されているので、経営者として経営全体を見極め、指示していくことに徹し、利用できるアウトソーシングは活用していったほうが有効だと思います。

特に税務は、詳細な計算方法を解説した書籍も多く出版されていますが、難解ですし、税務を完全に理解しても投資効率はなかなか上がりません。それよりも仕組みだけ理解して、実務は税理士に任せ、次の投資を勉強したほうが成果が上がりやすいでしょう。

ただし、税理士にも得意分野がありますので、不動産投資をよく理解している税理士を選ぶようにしましょう。弊社でも、不動産投資の税務に長けた税理士を紹介しています。

不動産投資は買えば儲かる不労所得ではありません。会社を設立しただけでは儲からないのと同様に、物件を買っただけでは終わりません。賃貸不動産経営者として全体をコントロールし、判断することを心がけると成功につながります。

【出口編】

# 第7章

## 出口戦略の嘘

## 「不動産はずっと持ち続けるもの」は嘘

## 不動産の利益は出口で確定する

収益不動産はずっと持ち続けるものではありません。そもそも不動産投資では、出口を迎えて初めて利益が確定します。しかし、その認識を持っているオーナーが非常に少ないように私は感じます。

よく「不動産を買いさえすれば、ずっと不労所得が入ってくる」というようなイメージを持っている人がいるのですが、それは勘違いだと思います。不動産投資自体の持つスタイルは、インカムとキャピタルの2種類があり、キャピタルゲインにおいては出口が大切です。不動産投資はやはり出口を見て、なるべく短い間に利益を確定するほうが、リスクは少ないのです。

投資という面だけで考えれば、別に不動産だけではなくて、さまざまな投資があるわけです。資産を増やすという点においては、不動産投資が一番効率が良いと考えますが、安定した収益を得るというところでは、また違う投資がいいのではないかと思います。

なぜかといえば、不動産は不確定な市場で、流動性が低いからです。投資の種類と特性についての詳細は第9章で解説しています。

不動産投資で貯まったお金があれば、例えば5000万円程度のキャッシュができたときには、それを流動性の高いファンドや金融商品などで運用して収入を得るといった投資手法も取り入れていくのが好ましいと考えます。

## 数字で見る不動産投資の収益シミュレーション

まずは不動産投資における基本的なスキームを、簡単にシミュレーションしてみましょう。

次ページの図表では、数字を分かりやすくするために税金や諸費用を除外していますが、本来は全部含めて収支シミュレーションをしてください。

不動産投資の一番の特徴は、他人の資本で投資ができる、つまりレバレッジを効かせられるため、少ない資金で大きな利益を得られます。

レバレッジとは、経済活動において他人資本を使うことで、自己資本に対する利益率を高めること、または、その高まる倍率を指します。

返済は、他人の資本の支払いに対して行われているのではなく、自分の割合が増えてい

## ①全額自己資金

【例】物件価格：1億円　FCR：10％　自己資金：1億円
　　　年間家賃：1000万円

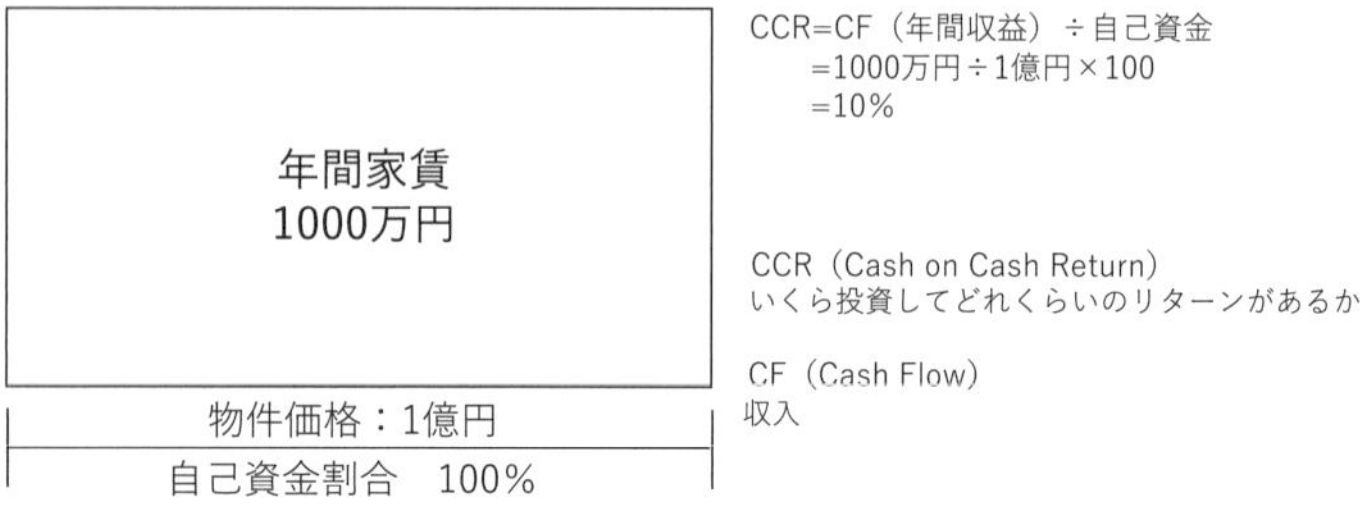


※分かりやすくするため、経費は省きます

くわけです。

①上図をご覧ください（数字を分かりやすくするため税金や諸費用を除外しています）。いくら投資をしてどれくらいリターンがあるかという解説をします。まずは全額、自己資金で買った場合です。物件価格が1億円で利回りが10％で、全額自己資金で購入します。1億円投資して１０００万円の家賃収入なのでＣＣＲ（キャッシュオンキャッシュリターン）が10％となります。

②続いて、借り入れをする場合です。自己資金１０００万円で９０００万円を借り入れしたときに、ここの自己資金と借り入れのパーセンテージで年間家賃をわけます。

　自己資金と借り入れの割合が1対9となるため、ここで自己資本に得られる収入が１００万円と借り入れによって得られる収入が９００万円に

## ②自己資金1000万円

【例】物件価格：1億円　FCR：10%　自己資金：1000万円
年間家賃：1000万円　**融資：9000万円　2.5%　30年**

【例】物件価格：1億円　FCR：10%　自己資金：1000万円
年間家賃：1000万円　**融資：9000万円　2.5%　30年**

【例】物件価格：1億円　FCR：10%　自己資金：1000万円
年間家賃：1000万円　**融資：9000万円　2.5%　30年**

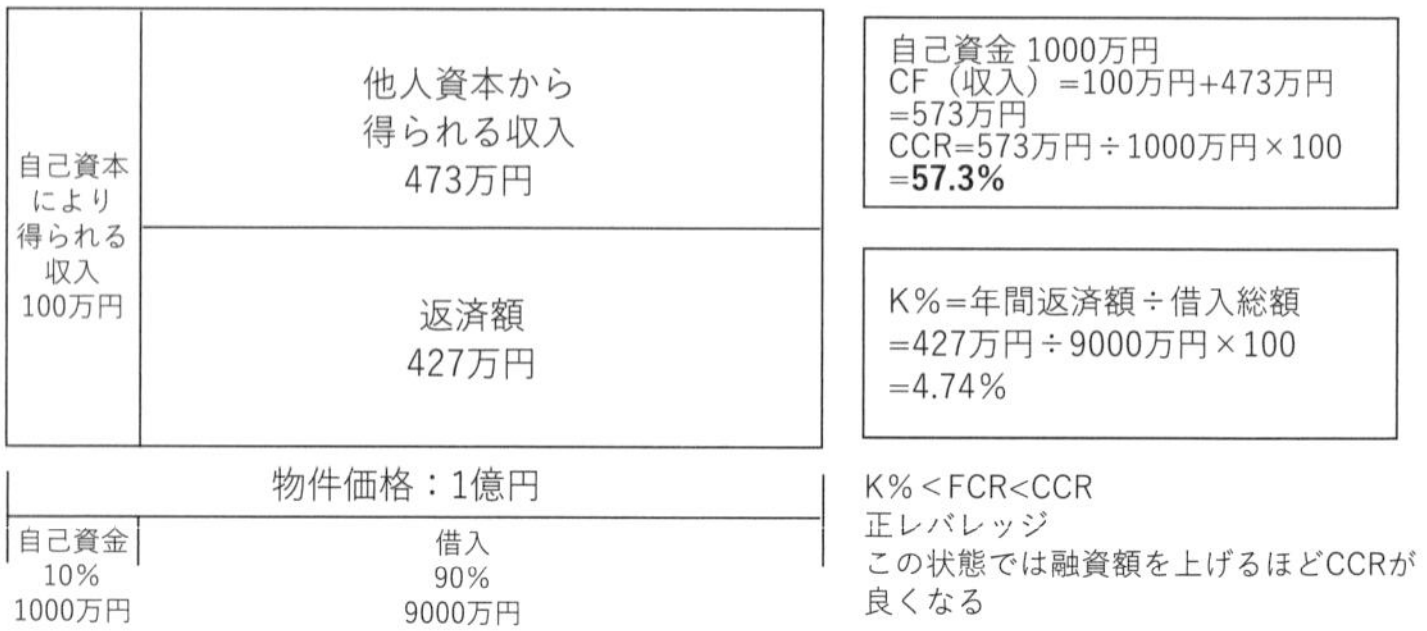


分かれます。

次にお金を借りているので返済しなくてはいけません。すると９００万円のうち、返済が４２７万円。９００万円から４２７万円を引くと４７３万円が残ります。自己資本から得た１００万円と、借入によって得た４７３万円を合わせた５７３万円が１年間で得られる収入となります。

１０００万円の投資をして５７３万円のリターンとなるためＣＣＲが57・3％になるということです。これがレバレッジとなります。

Ｋ％は銀行の投資利回りとなるため、銀行としては９０００万円を投資して、年間４２７万円のリターンがあるわけです。そこに元金と利息が含まれています。つまり、銀行側の投資利回りは、４２７万円÷９０００万円で計算します。これがＫ％です。

なお、返済が進めば進むほど自己資本の比率が変わっていき、自己資本に対してのキャッシュフローが下がってきます。安定感は増すけれども、レバレッジ効果が下がってくるのでCCRも下がっていくということです。

なので、そこで一度売却して自己資本を回収し、CCRの効率が良いものに再投資することで、莫大な資産を高速で築くことが可能となります。

簡単にいえば、高いレバレッジ効果を維持するために、ある程度CCRが下がってきたら売却と再投資を繰り返します。

なお、CCRの目標となる数値は、時期によってかけられるレバレッジが異なりますし、属性や物件によっても違うので一概にはいえないものです。いずれにせよ、キャッシュ化した段階では資産がかなり増えて選択肢も豊富になるので、規模拡大の一つのステップであることは間違いありません。

さて、最終的な出口まで考えると、シミュレーションはどうなるでしょうか。

先ほど現金で買うパターン①と9000万円の借り入れしたパターン②の比較をしました。

このとき重要となる指標がFCR（真実の利回り）と「K%（ローン定数／金融機関の利回り）」です。この部分はアービトラージュなので、低い利率で調達して、高い利率で

## ③自己資金100万円

【例】物件価格：1億円　FCR：10%　**自己資金：100万円**
年間家賃：1000万円　**融資：9900万円**　2.5%　30年

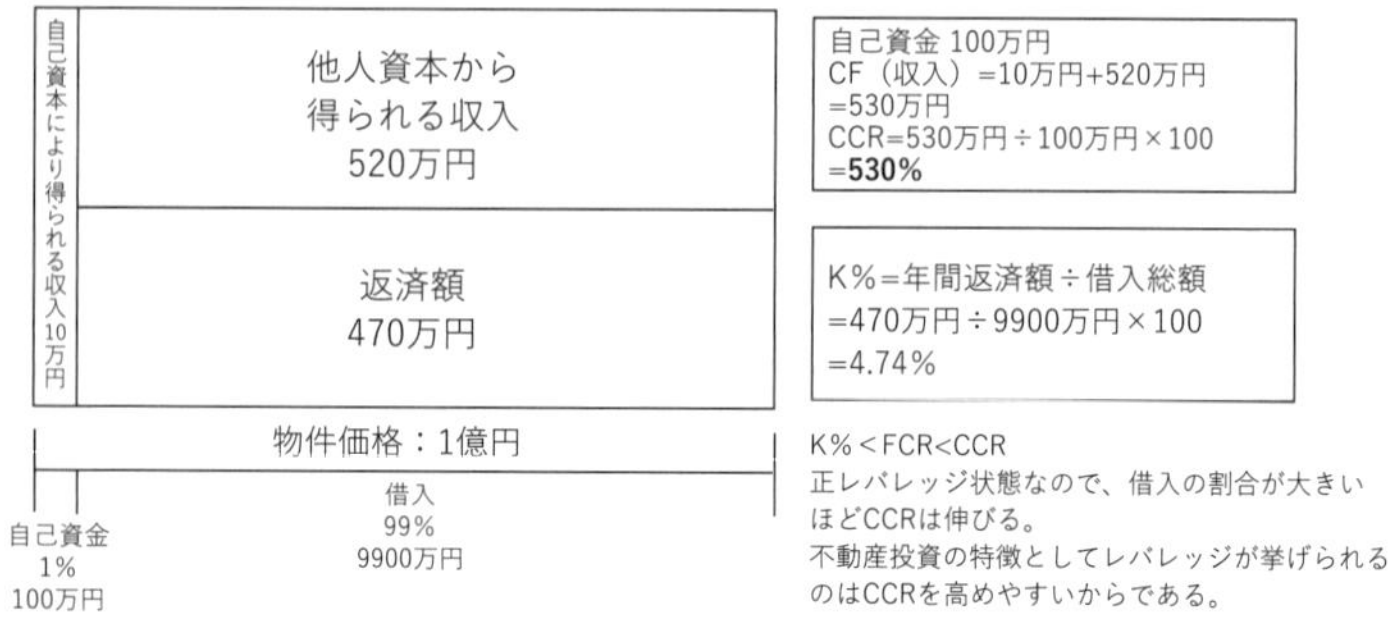

K%＜FCR<CCR
正レバレッジ状態なので、借入の割合が大きいほどCCRは伸びる。
不動産投資の特徴としてレバレッジが挙げられるのはCCRを高めやすいからである。

回すことで、キャッシュフローが出ます。

③パターン②の事例は自己資金１０００万円でしたが、今度は１００万円で考えてみましょう。融資期間と金利は同じ、30年、２・５%です。

　自己資金１００万円だった場合には、残りの９９００万円が借り入れです。自己資金から稼ぎ出す家賃収入は10万円で、残りの９９０万円は他人の資本で稼いでいます。その分の返済額を引くと５２０万円が残ります。つまり、５２０万円＋10万円の５３０万円がキャッシュフローとなります。

　自己資金は１００万円しか入れていませんので、１００万円の投資をして、年間５３０万円のリターンがあるので、キャッシュリターンは５３０万円となります。この場合、大きなレバレッジが効いています。

レバレッジが正の状態であれば、借り入れ割合が大きければ大きいほど、このＣＣＲが伸びます。だからこそ、投資家さんはフルローンやオーバーローンを求める方が多いのです。少ない資金で大きなリターンを得ていくというところが自己資金に関係してくるのです。だからこそ、なるべく銀行からお金を借りたほうがレバレッジが効いて、ＣＣＲ（キャッシュオンキャッシュリターン）が大きくなります。

④続いては逆レバレッジです（１９０ページの図参照）。これまでと変わっているのは融資期間です。前回、融資期間30年だったのを、融資期間８年に短くしているため返済額が大きくなります。要するに他人の資本から稼いだ９００万円の家賃収入がありますが、１２４２万円の返済をしなくてはいけません。そうなると自己資本で稼いでいる家賃収入を足しても、マイナス２４２万円です。毎年毎年マイナスが出る状態となります。

この場合だと１０００万円の自己資金を出して、マイナス２４２万円のキャッシュフローなのでＣＣＲはマイナス24・２％です。金利２・５％は変わっていませんが、年数が変わっているためＫ％も変わります。Ｋ％は13・８％に上がっています。先ほどのＫ％が４・74％ですから、これがまさに逆レバレッジ……負の状態です。この場合は借りれば借

## ④逆レバレッジ

【例】物件価格：1億円　FCR：10%　**自己資金：1000万円**
　　　家賃収入：1000万円　**融資：9000万円**　2.5%　8年

④自己資金1000万円

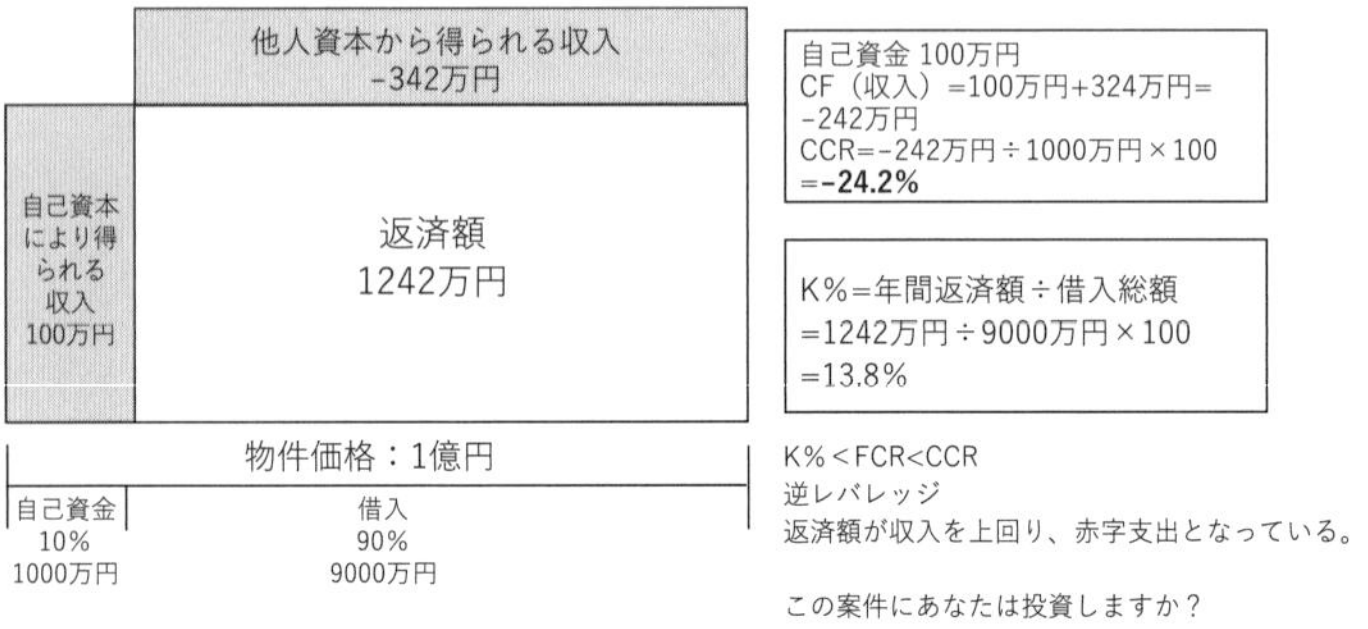


【例】物件価格:1億円　FCR:10%　自己資金:1000万円
　　　年間家賃:1000万円　融資:9000万円　2.5%　**8年**

8年後の売却価格を8000万円と仮定すると……

8年間の収支
-242万円×8年＝-1936万円
-1936万円＋8000万円＝6064万円

自己資金1000万円を回収した**利益が5064万円**

りるほど、キャッシュオンキャッシュリターンが悪くなっていきます。

ここで出口の説明をします。私はよくセミナーで「この案件に皆さん投資しますか？」と聞きますが、大体の方が「しません」と答えます。しかし出口まで見てみればどうでしょうか。毎年マイナス242万円ですが、8年間所有して8年後に売却します。

1億円で買ったものを8000万円で売却したらどうなるかというと8年後なので残債ゼロです。なので8000万円がまるまる売却益になります。諸費用を考慮していませんが、8年間ずっとマイナス242万円とすると、マイナス1936万円ですが、8年後には8000万円の売却益から1936万円を引いて手残りが6064万円です。

まとめると自己資金で最初に1000万円を入れているため、その自己資金を回収しても8年間で5064万円ものお金が増えています。毎年キャッシュフローがマイナスになっているため、8年間で約2000万円の赤字を耐えられるかどうかが前提となります。つまり投資として成り立ってないわけではないのです。

ここからいえることは、キャッシュフローが赤字であっても、売却益で黒字になるパターンもあるということです。逆に毎月のキャッシュフローは出ていても、売却のときにマイナスになるパターンもあります。

目指すべきはキャッシュフローも出ていて、売却益も出るような不動産投資ですが、キャッシュフローは出ていても、売却でマイナスになるパターンは結構多いです。また、新築区分マンションはキャッシュフローもマイナスで出口もマイナスということも多いです。それだけにキャッシュフローはもちろんですが、出口の部分も考えて購入することが大事なのです。

## 購入時から出口を見据える

購入するときは、必ず出口を考えるようにしましょう。ここでいう出口とは、売却だけでなく建て替えも含まれます。建て替えの場合、再投資として考えるイメージです。例えば思い入れがある土地、実家の近くにあるアパートなど「いつかは手放すかもしれないけれど長く持っていたい」という不動産がある場合、それを必ずしも売らなければならないわけではありません。建て替えをして、新しい状態にするのも出口の一つになります。

出口は主に以下のパターンが考えられます。

## 出口のパターン

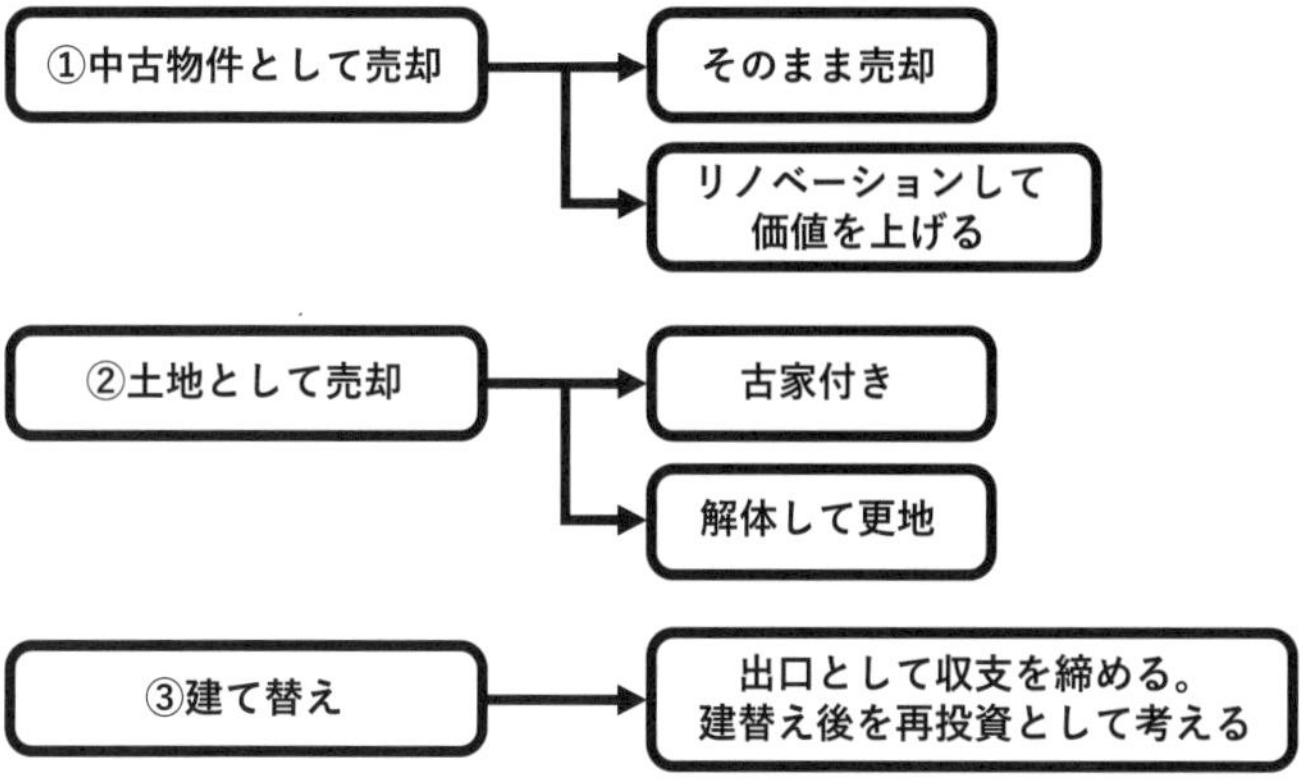


①中古物件として売却
②土地として売却
③建て替え

時代がどのように変化していくのかは誰にも分からないので、建て替えが第一希望でも、売らなければならない状況は想定しておいたほうがいいでしょう。重要なのは次の人が買えるかどうかという視点です。

買った瞬間から出口を見るというのは、絶対必要です。前述したとおり、多くの投資家はスナップショット（単年）だけで判断をします。先を見るといっても、せいぜい翌年で短期しか見えていない投資をしています。そこで必要なのはビデオ（出口まで見据えた投資）の視点なのです。とはいえ出口を10年で見るといっても、将来の経済状況は誰も分かりません。もう少し短ければ、大体予測はつくのかもしれませんが、せいぜい数年後といったところでしょう。

そのため、出口をシミュレーションするときには、「この物件が、あと10年築年数が経ったとき、今の市場であればどのくらいの価格で売れるか？」ということを考えてみることが大切です。

例えば、現状の相場で10年後、つまり築10年をプラスした築年数で計算します。ポータルサイトで検索すればどれくらいの相場（利回り）で出ているかが誰でも把握できます。そこを基準に悪かった場合、良かった場合で試算するのです。現状の景気によっては悪いパターンを2つにしても良いでしょう。

例えば、現状、市場としては過去と比較してもいい状態だというのであれば、もう1段階下げて悪い状況でのシミュレーションをつくって試算してみて「この辺りでいければいい」というラインを決めておきます。

そして期間10年を設定したのであれば、6年、7年目ぐらいから、市場を見て、今はどういった状態なのかを把握し、自分が定めたところで売却できれば一番いいと思います。

もちろん、設定はしていても、ずっと市況を見て売却時期は今ではないと思ったら、所

## スナップショットとビデオ

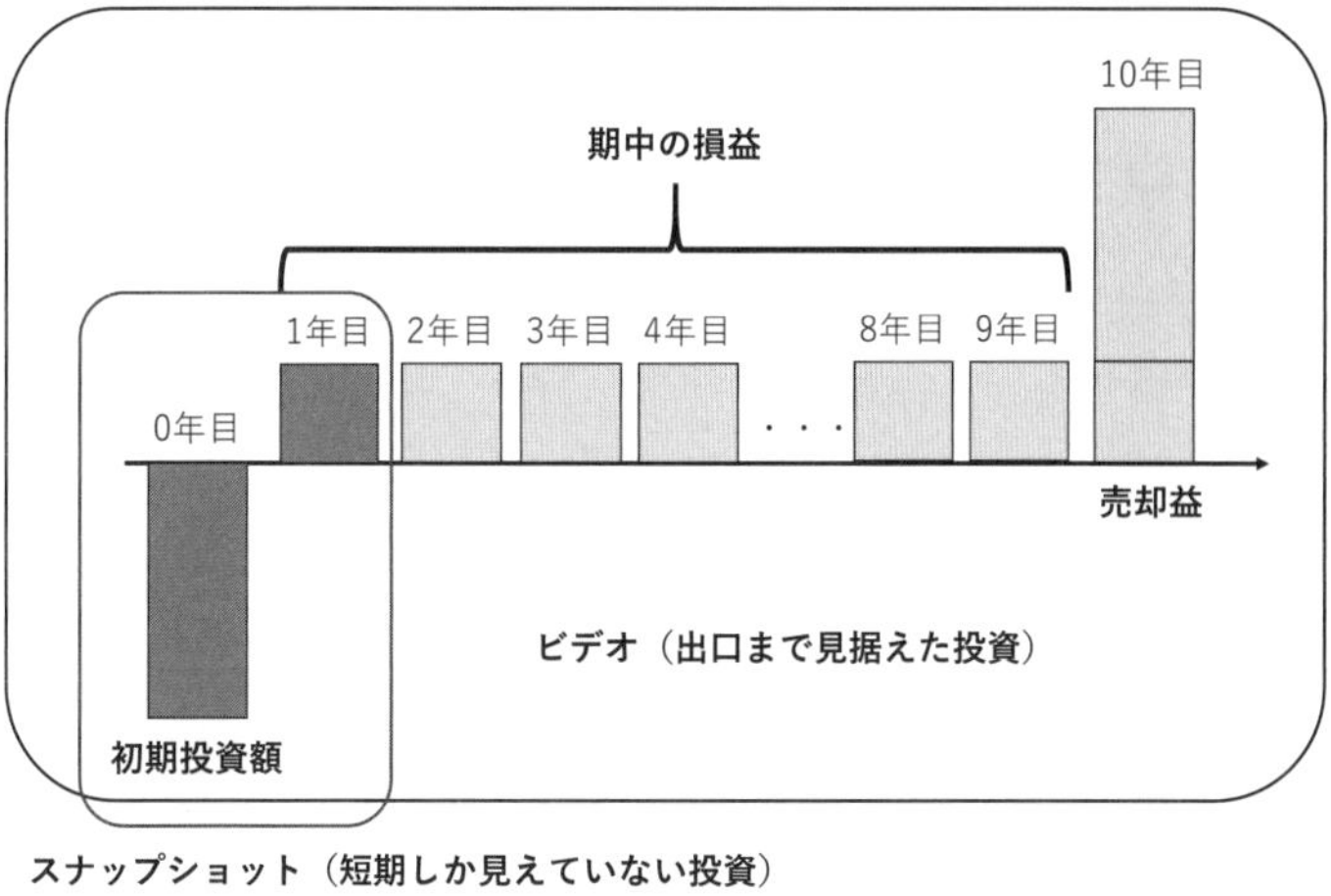


有し続けるのもよいでしょう。その場合も、この後に説明する転売時の融資にも気を付けて、再度設定してみることをおすすめします。

## 売却の際の融資付け

出口を決める上で大事なのが、次の人が買えるかどうか――すなわち、「ローンが組めるか」ということです。そこで重要な役割を果たすのは、各銀行の融資の方針です。大手都市銀行であれば、耐用年数で見るケースが多いです。

私がご相談を受けているなかで「これはどうなってしまうのか？」と懸念するパターンは、地方の築古RC物件で耐用年数

## 売却時の損益分岐点

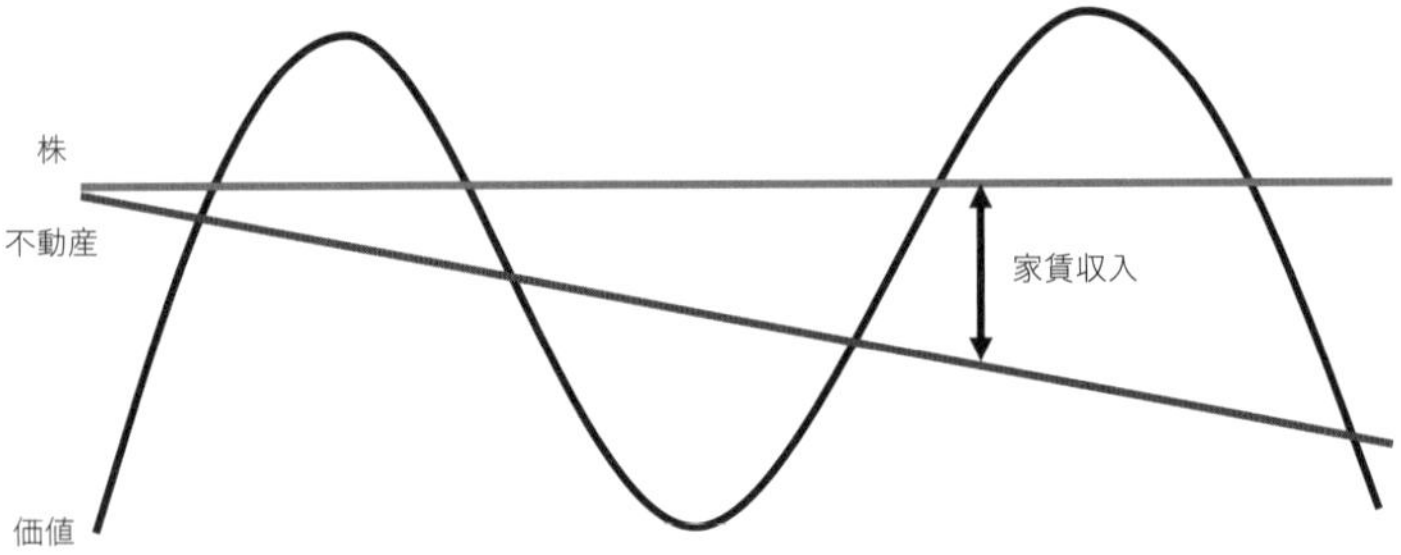


不動産は家賃収入があるため、損益分岐点は下がっていく

以上にローンを延ばしているケースです。

まず地方の場合は、「融資可能な銀行がどれくらいあるか」、そして「ローンの年数」を確認します。地方の場合、エリアの広い都市銀行が融資エリア内になりますが都市銀行は耐用年数引く築年数となり、長期間のローンが組みにくいのです。

よって現状では融資をつける銀行があっても、将来出口を迎えるときに対応できる銀行がなく、買える方がいない場合もあります。

融資に積極的な特定の銀行を使った場合、抵当権以内でなければいけません。ある程度残債が減っていなければ、年数が必要となります。つまり、次の購入者のローン期間が取れにくくなるのです。そのため、買い主は他の銀行の融資を受けて購入する必要があり、出口のハードルは上がってしまうのです。

誰も買える人がいなければ、当然のことながら売却は難しくなります。このような事実を、買っている当の本人が知らないケースも多く、私との面談で話を聞いて「えっ、そうなんですか！」とショックを受けている人もいます。

売れなければ、とりあえず持ち続けるしかないのですが、最後の出口として「土地」の売却を考えるパターンもあります。

そのほか、再建築で新築を建てるケース、リノベーション（再生・刷新）の3つのパターンがあります。その場合もリノベーション費用なども計算しましょう。リノベーションとなれば耐用年数は延びませんが、再建築であれば耐用年数がリセットされるので、出口も見えやすくなります。

しかし現在、土地の相場、解体費用も考えたときに、採算が合わないケースも多くあります。都心部は路線価よりも実勢価格が上ですが、地方では路線価よりも実勢価格が逆に低く、逆転してしまっている場所が多いのです。

また、最終的な出口で土地を見た場合、RC物件の解体にはそれなりのコストがかかります。運営している間の修繕費用もかかります。規模にもよりますが、外壁塗装と、屋上防水で数百万円、それ以外に諸々、付帯設備なども壊れてきますので修理や交換が必要です。

ここまで考えると、最終的に全然儲かっていない、逆に収支がマイナスになっているケースもあるのです。そうなったときに、投資をやっている意味があるのかという話です。

もちろん購入して何年かはキャッシュフローは出ているのですが、そこのプラス部分が、後の修繕費用や、出口の解体費用でどんどん吸われてしまいます。

なかには、土地の相場も低く、結局売るとマイナスになるケースもあります。つまり、フルローンが組めて、何もお金を使わずにキャッシュフローが入るという、それだけで買っている人がいるということです。

逆にいうと、そういう物件でも売れる時期であれば、出口を迎えて、当時より値段が上がり、利益を出すこともできます。

つまり、購入タイミングが変われば、損益分岐点も変わってくるのです。

## 地方築古RC投資の実例

以前、ご相談いただいたお客さまがそうでした。すでに物件2棟を所有され、この先も買い進めたいという希望がありました。属性も良かったのですが、所有しているのが地方にある築古RCで出口が見えにくい物件でした。高い金利の融資をオーバーローンで購入されています。

目標も高く月100万円のキャッシュフローが欲しいとのことでした。現状ではそれは厳しいという話をしました。そして、それはなぜかという理由も説明して、出口の話をしたところ絶句されていました。

どうやら別の不動産会社で「早くしないと売れてしまいます」「自己資金なしで買えるなんて、そんな物件めったにないですよ」と煽られて、あまり深く考えずに購入してしまったようです。

そのときに相談した先輩投資家からは「買えるんだったら買ったほうがいいよ」という後押しを受けたそうです。融資戦略や出口なんてことは知らずに、出口が見えない築古物件を購入してしまった失敗事例です。

そもそもオーバーローンで買っているため、購入時よりもかなり価格を上げて売らないといけません。さらに、個人名義なので譲渡税もかかってきます。

その部分も、プラマイゼロでいきたいというご意向でした。そうした場合、購入して5年以内となるため短期譲渡税39％がかかります。その分を賄うには、またそれを上乗せしないといけません。

このような物件を購入されている投資家は多く、「これ、今売れますか？」と問われることもよくあるのですが、購入時と同じ銀行が使えない場合もあります。

結局、ローンをつける銀行がないので売れないのです。ほかを打診して借り入れ可能な銀行があれば、売れないこともありません。しかし、やはり難しいラインではあると思います。


こういったお客さまからは「では、どうすればいいのですか？」と聞かれますが、「もう、割り切って持ち続けましょう」としか、提案のしようがありません。

とある有名投資家は、「大型RCの収益不動産はババ抜きなので、自分は大規模修繕が発生する前に売ってしまう」と言い切っています。次に買う方は購入時点で失敗が確定しているようなもので、本当にババ抜き状態だと思います。


万が一、失敗物件を購入してしまったとき、ババ抜きで、ギリギリセーフになるかどうかの判断は、築年数や構造にもよります。また、エリアも結構大事だと思います。なぜかというと、地方だと融資を受ける金融機関が少なくなるからです。

首都圏にあれば、耐用年数を重視せずに融資してくれる金融機関もありますが、地方はなかなか厳しいでしょう。出口としては、その地方の地元に住んでいる投資家が、地元の信用金庫を使って買うというレベルだと思います。当然、確率は非常に低くなります。

首都圏の投資家が地方の金融機関を使うのはかなりハードルが高く、実家があるといった何か関係性がないと、一見さん（初めて取引する人）で、地方の地銀・信金からいきなりアパートローンを融資してもらうというのは非常に難しいと思います。

価格帯も、２０００万～３０００万円であれば、現金購入する層もいます。しかし、金額が1億円以上になってくると、現金で買う人がどれだけいるかという確率の問題です。

## 木造物件の出口

新築の木造アパートも最近流行しています。木造の新築の出口はおおよそ6年目、7年目から市場を見ていって、10年前後で売却していくのが一番効率がいいでしょう。築10年ぐらいの木造であれば、その価格帯、エリアにもよりますが、融資は受けられると思います。

また、解体費が高額なＲＣ物件に比べて、木造であれば解体費も安いので、木造の場合は持ちきって、最終的に土地として出口を見ても、投資として成り立つ可能性が高いでしょう。

やはり、金額が大きくて壊すのにお金がかかるほうが、出口に対しては厳密に見ておかないと痛手が大きくて身動きがとりにくくなります。

例えば、木造の築古アパートを買ったとして、建て直す前提で考えていくというのもありですし、出口の考え方はいろいろあると思います。

そこでも、解体費用も全部入れ込んで、シミュレーションを行って判断しましょう。

## 出口戦略における物件の耐用年数

耐用年数から融資期間を判断する銀行もあります。

例えば、RC造の物件では耐用年数は47年。出口をどれくらいで見るかにもよりますが、次に買う人が最低で20年は組める状態でないと厳しいと思います。そうすると残り、47から20引くと築27年が目安です。

出口から見て逆算すると、買う物件が築20年の場合、最低の出口を考えるのが7年後ということになります。7年ぐらいだと、おそらく残債も減っていると思いますし、ある程度採算が合うとは思います。

それが例えば、築25年の物件を購入した場合、この残存20年まで残り2年しかありません。2年後の出口を見て採算が合うかどうか考えなくてはいけません。

買うときの条件にもよりますが、自己資金0、オーバーローンで買った場合などは、2年ではそんなに残債も減っていないと思います。今と同じぐらいの利回りか、それ以下の利回りで売っていかないとなかなか利益が出ませんので、ある程度、市場が上がっていないと難しいのです。

自分が売るということは、次に買う人がいるということ。次に買える人がいるのかというところも見ながら、いろいろシミュレーションしてみるといいと思います。

多くの投資家が出口戦略をきちんと考えていません。これでは、なかなか利益を残しながら資産規模を拡大していくことは難しいのではないでしょうか。

今すぐではなくても、例えば2年刻みで「最低でもここまでで売らなきゃだめだ」というところを確認していきましょう。そこから経済状況を照らし合わせてみて、今売っておいたほうがリスクが少ないと判断するか、猶予期間があるから、もう少し待とうと判断するか、とにかく常に出口を意識するところが重要だと考えます。

## 今は売り時かどうか

世界的な経済危機といえば、2008年のリーマンショック、また2020年の春から猛威を振るっている新型コロナウイルスも大きな影響を与えています。不動産投資に絞っていえば、2018年のスルガショックなどが挙げられます。いずれにしても市況は日々変わるものであり、「○年後に売れば儲かる」というような単純な話ではありません。

一般的な不動産投資のイメージでは、不労所得や年金代わりなどですが、その考え方は間違っています。

実際には、物件を所有している期間、建物は（付属設備も）老朽化していきます。当然、収益性は落ちていき、修繕費もかかるでしょう。ですから、出口から逆算して投資をプランニングすることが非常に重要なのです。

「売却時にいくらで売れるのか？」と考えた場合、どのようなパターンがあるのでしょうか。

①「毎年のキャッシュフローがプラスで、売却時にプラス」

理想的なパターンであり、これを狙っていくべきでしょう。

②「キャッシュフローはプラス、売却時マイナス」

これは、よくあるパターンです。

③「キャッシュフローマイナス、売却時プラス」

玄人や業者が狙うかもしれないパターンです。

④「キャッシュフローがマイナス、売却時マイナス」

新築区分マンション、ワンルームにありがちなパターンです。こうなると、何のために不動産投資をやっているのかがまったく分かりません。節税気分を味わっているだけ、ともいえます。

新築区分ならほぼ④と考えていいでしょう。新築区分についても、都内の一等地のように購入時価格から跳ね上がることもゼロではありませんが、可能性としてはごくわずかです。

資産を入れ替えるときに多くの人が不安に陥りがちなのが、「今の市況で本当に買っていいのか?」または「売っていいのか?」ということです。業者であれば継続的に売買を続けていくのが自社のビジネスを存続させるためにも必要ですが、個人投資家は1回1回が重要だと考えがちです。

しかし、そのような不安を抱いていたとしても、市況にかかわらず投資は続けるべきです。

これは不動産投資を強制しているわけではなく、自分が納得する投資ならいい、というスタンスです。

例えば、株のほうが利益が出るということならば株で構いません。ともかく、投資をしないと資産が増える見込みはありません。

何もせず時間だけが過ぎていくよりも、たとえそこまで利回りが高くなくても運用しているほうが圧倒的に結果は出ます。むしろ、やらないほうが損失です。

一般的には、いくら初期費用があって年間どれくらいのキャッシュフローがあるか、そもそも買えるのか、というところしか着目されていません。しかし、出口を見据えてトータルで投資を判断しなければならないのです。

そのためには常に市況を把握しておくことが大切なのです。本書の初版を執筆していた2016年当時と、2021~2023年にかけて執筆した改訂版では驚くほど情勢が変化しています。そして、今後も移り変わっていくでしょう。

そこで当社のオウンドメディア「不動産投資の嘘」では日々情報を更新しています。最新の市況を学びたい方はぜひご覧ください。

不動産投資の嘘　公式サイト
https://daimlar.net

## 漠然と買ってはいけない

購入前には「どうしてその物件を購入するのか」を真剣に考えてみてください。誰からすすめられたからと、漠然と購入してしまうから出口で苦労するのです。

地方のRC物件が全部悪いといっているわけではありません。ただ、買い方と買う物件が間違っている可能性はあります。買ってから「しまった」と言っている人が本当に多いのです。

地方のRC投資がなぜこんなに流行っていたのかというと、物件が高騰しているなかで、特定の銀行に頼り切ったスキームでやられている業者が多かったのです。

もし、どこかの銀行でうまく借り換えができれば収益も上がるでしょうし、1億円ぐらいの物件なら高額な費用がかかるエレベーターが付いてない物件も多く、修繕費もさほどかかりません。

残債が減っているようであれば、ある程度値段を下げて売れば買う人はいます。高利回りで売れるのであれば、もしかしたら業者が買ってくれるかもしれません。

また、1億円程度の規模であれば、次の2棟目、3棟目でそれを補うような物件を買っていけばリカバリーがききます。

最初の物件が築古で修繕費もかかるという場合は、築浅や新築の物件などを追加購入することで、お互いのメリット・デメリットを補うようなポートフォリオを組むことができます。

ただ、すでに融資の枠を使い切っているケースでは、違う種別を買い足して補うということは、やりづらいかもしれません。次の一手をどうしていいか分からなくなるケースがありますが、専門家に相談しましょう。

## 日本人の投資知識は低い

不動産は、買った時点で大抵のことは決まってしまいます。

日本はやはり海外に比べると、投資の知識が非常に低いと思います。アメリカなどは投資としての知識、一国民、一人ひとりのレベルというのが、日本と比べると高いと思います。

第2章で紹介したCPM®はアメリカの不動産投資の専門資格ですが、日本には専門的な資格というのはまだないと思います。

そこでもやはり重視するのは出口です。出口で初めて利益が確定するという考え方で、IRRといったさまざまな指標で比較して、「じゃあ、これ投資したらどうか?」というところで、判断をして不動産を購入していきます。IRRとは、「内部収益率」を意味し、ある投資案件における各期のキャッシュフローの正味現在価値の合計が、初期投資額と等しくなるときの割引率のことです。

それでは、IRRでいろいろな投資を見ていきましょう。

例えば、A物件では初期費用を含めて1000万円の自己資金を入れると、毎年423

万円のキャッシュフローが得られます。そして、7年目で売却した場合、収益が1200万円だとします。B物件の場合も次ページの図のようなシミュレーションで、700万円の自己資金に対して、7年目の売却で2100万円の収益が得られます。

では、IRRを比較してどちらが良いのでしょうか。IRRはA物件が41%、B物件が42%です。

続いてC保険に毎年100万円払います。7年目で900万円になったとすると、IRRは12%になります。同じようにD信託へ2000万円投資して、7年目に3000万円になると、この場合のIRRは6%です。エクセルで計算すればすぐに求められます。

不動産に限らず、保険や投資信託などの金融商品もIRRを比較すればいいのです。よく「今は市況が悪くて不動産価格が高いから、しばらく待ったほうがいい」などといわれますが自分ができる他の投資と比べてどうなのかの判断が必要です。左上の比較表を見れば、この場合B物件の42%を狙ったほうがいい選択です。

あと、不動産投資の不確実性という意味では売却のリスクがあるわけですが、市場のデータを見てシミュレーションするのが大事です。

ただ不動産の場合、「7年目で売る」と決めてシミュレートしていても、いざ7年目になったときには市況が悪くて売らないほうがいい、というケースもあるわけです。所有してい

## 不動産投資の指標　IRRとは

### IRRの計算方法（Excel）

| | A | B | C | D | E | F |
|---|---|---|---|---|---|---|
| 1 | | A物件 | B物件 | C保険 | D信託 | |
| 2 | 初期投資額 | -1000 | -700 | 0 | -2000 | |
| 3 | 1年目 | 423 | 250 | -100 | 0 | |
| 4 | 2年目 | 423 | 250 | -100 | 0 | |
| 5 | 3年目 | 423 | 250 | -100 | 0 | |
| 5 | 4年目 | 423 | 250 | -100 | 0 | |
| 7 | 5年目 | 423 | 250 | -100 | 0 | |
| 8 | 6年目 | 423 | 250 | -100 | 0 | |
| 9 | 7年目＋売却益 | 1200 | 2100 | 900 | 3000 | |
| 10 | IRR | 41% | 42% | 12% | =IRR(E2:E9) | |
| 11 | | | | | IRR(範囲、[推定値]) | |

**ポイント**

- 初期投資額は負の値
- 1年目は次の行に記載
- 売却益は最後の年に加える

れば家賃収入も入るので必ず売らなければならない、とはなりません。そういう意味で、不動産投資は選択肢があるといえます。

私自身もいろいろ投資をしていますが、これが本来の投資だと思います。皆さんが持っている不動産投資のイメージというのは、買ってずっと不労所得が入ってくるというイメージですが、それは種類としては不動産投資ではないと思います。

不動産投資である程度お金を生んで、それを安定的なところに投資するというのが、日本人の考えにはありません。

安定度でいうと、むしろ私が今海外でやっているファンドをはじめとした他の金融商品のほうが有効だと考えます。しかし、それをある程度やっていくには、やはり元手、つまりキャッシュが必要になるわけです。

何千万円かの余剰金があれば、年間で例えば6％、7％の利回りでもいいのです。日本人はまだ投資に対しての意識が総じて高くなく、そこまで考えられていない人が多いのではないでしょうか。アメリカではそういう人はたくさんいますし、香港にもたくさんいます。香港には年金がないですから、みんな自分でしっかり運用しています。私自身も香港やオフショアの金融機関で運用を行っています。

年金も、今後の世代は払った以上にはもらえないことがはっきりしています。確かに40代から50代の方で不動産投資を始める人のきっかけで多いのは、やはり年金、老後の不安です。

この年代では、会社でのポジションや今後自分が稼ぎ出せるお金も見えてきて、逆に子どもや親の介護のことなどで、これからいかにお金がかかるのかも分かってきます。

しかも、20代や30代ならまだ転職して収入が上がる可能性もあるとは思うのですが、40代、50代ともなると今より年収を上げるのは難しいかもしれません。

今から何かやるとなると、不動産投資以外ないという選択だと思います。不動産投資だけが唯一、自分が動かなくてもレバレッジがかけられてお金を生むことができるということです。

ただ、投資にはいろんな方法、投資先があるので、その特性までちゃんと勉強するべきです。

不動産投資は時間がかかるので、利益を確定して違うところにお金を出すところまで行けている人が、まず少ないというのもあります。

また、不動産投資では利益確定をしながら買い進んでいる人も、まだそんなには多くないといえます。やっている人も確かにいるとは思うのですが、そういう人はやはりレベルが高い人です。

第8章

# 海外投資の嘘

## 「海外不動産は儲かる」は嘘

## 不動産投資は玉石混交、「詐欺話」も多い

第7章で出口戦略をテーマにしましたが、不動産投資で利益を確定していくなか（売却をして出口をとっていくなか）で、国内不動産ばかりでなく海外不動産投資を組み込んでいくという考え方もあります。私自身、ポートフォリオのすべてが不動産というのはバランスが良くないと考えていますし、「不動産投資は国内に限定すべきだ」という思い込みもありません。この投資へのスタンスは後ほど詳しく述べますので、ご確認ください。

私が第8章で伝えたいことは海外不動産投資に対する「いくつかの誤解」です。まず、嘘をつく業者も少なからずいますが、まともに海外投資を進めている業者も存在します。海外不動産投資では、あからさまな詐欺話から真っ当に進められている案件まで玉石混交なのは事実です。ですから、国内不動産投資以上に慎重に判断すべきです。

詐欺話については、根拠もなく「絶対に儲かる！」と断言して、かつ責任の所在がはっきりしないという、いわゆる突っ込みどころの多い話が多く、賢明な読者であれば引っかかるケースは少ないでしょう。

やっかいなのは嘘ではなく、投資をすすめる側がカントリーリスクを理解していなかっ

たり、理解していても投資家に対して、不都合な真実を伝えなかったり……といった場合です。業者側の無知ゆえに結果的に騙してしまうこともありますが、ハイリターンの陰に潜むリスクをあえて隠しているといった悪質なブローカーも存在しますので、くれぐれもご注意ください。

例えば、海外の中古不動産における減価償却のルールが変わったことが挙げられます。令和3年以後の確定申告で海外の中古不動産における減価償却費は、その収支が赤字の場合、その赤字分の減価償却費は計上できなくなります。例えば、所有する海外不動産で減価償却費1000万円の赤字を出しても、給与所得と合算して1000万円分の所得税を軽減させるということができなくなりました。ただ、その海外不動産の経費計上しなかった減価償却費については売却時の建物価格から引かれていないため、譲渡税に関しては軽減されているとも見られます。詳しくは不動産投資の嘘公式サイトまたは直接ご相談ください。

そもそも、このスキームは所得税率の高い経営者や外資系サラリーマン、医師が対象となっており、一般的なサラリーマンには、さほどメリットはありません。それが「節税対策に最適！」「所有している間に値上がりも期待できる！」といったセールストークで販売されていました。特にアメリカ不動産投資でよく見られました。今なお、これまでと同じような売り方をしている業者もいます。海外不動産の減価償却を用いた節税はできなくなったことは把握しておきましょう。

## 海外不動産のリスクは高い

日本は少子高齢化で人口が減っていく――特に生産人口といわれる働き手が減るため、経済発展は望めません。現状でも空き家が溢れかえり、今後も増えていくことが予想されるなかで、日本の不動産投資だけを行っていくのはとても危険です。海外で不動産投資を行う人には、このような見方をする人もいます。これは、ある意味では正しい認識です。

日本の不動産市場、賃貸市場は縮小する一方ですが、世界を見渡せば、人口が増えてこれから経済成長を迎える国がたくさんある。あえて、日本で投資する理由はない。むしろ、海外でこそ不動産投資を行うのがいい――しかし、こうなってくると、少し眉唾だと思います。

日本のように少子高齢化が始まっている国は先進国では多いですが、中国をはじめ、まだまだ経済発展が見込める国でも、政策によっては少子高齢化になっています。

例えば、日本が移民を受け入れるようになれば、人口が増えて少子高齢化は解消されるかもしれません。どちらにしても、「人がたくさんいれば儲かる」というような単純な話ではありません。

世界には自国の国民ですら土地所有ができない国もありますし、外国人の土地購入が認められない国もたくさんあります。法的な部分も、チャンスが大きいといわれる発展途上国こそ未整備で、「騙す・騙される」の前にカントリーリスクがつきまとっています。

その点でいえば、日本は世界でも有数の不動産が買いやすい国であり、その価値も高いからこそ、外国人投資家が日本の不動産を買いあさっているという現実があります。

## 海外投資ではレバレッジは効かない

国内投資と海外投資は別の投資のようなイメージが強いのですが、基本的に、「資産を増やしたい」という目的は一緒です。

そのいくつかの方法のなかで、海外の不動産、海外の金融商品があります。だから、一投資家から見れば、海外も日本も根本的な部分で一緒だと私は思っています。実際、私も海外投資をしています。

## 外貨でも分散投資

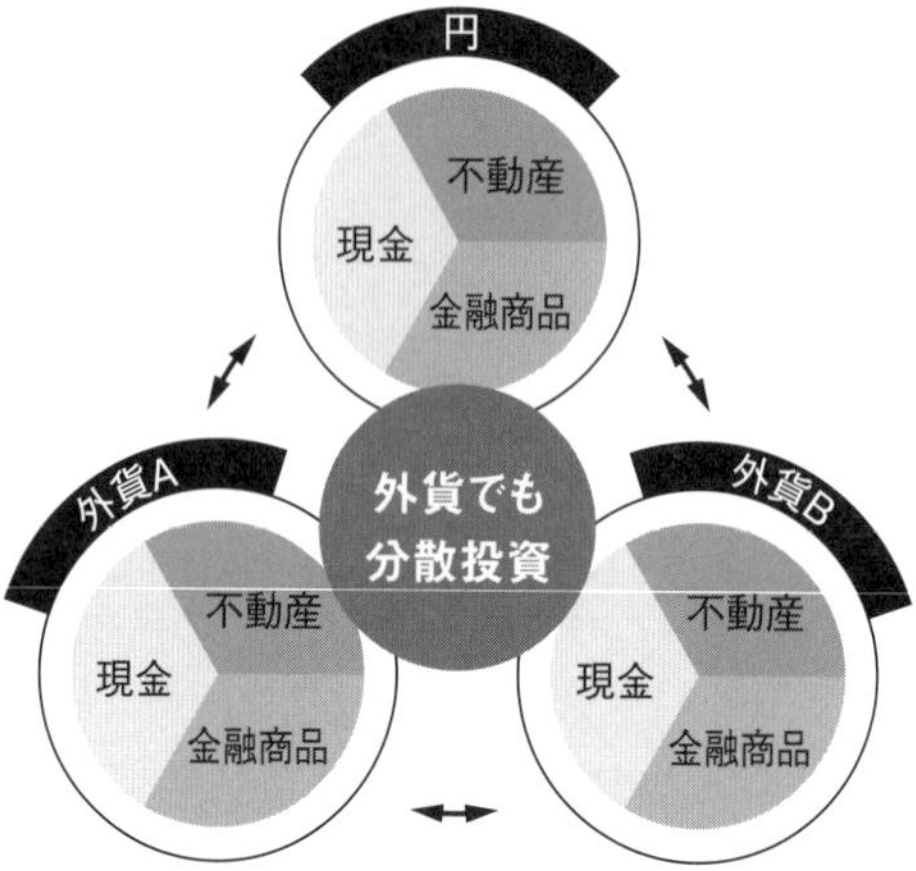


ただやはり、資産をこれから増やすという点から見れば、レバレッジが効きやすい国内の不動産投資が一番いいと思います。

簡単にいうと、海外の不動産投資、特にアジアなど今後経済発展が期待される国を対象にした投資が流行っていますが、それは「そういう国であればキャピタルゲインが狙えるだろう」「お金が大きく儲かるだろう」と思って行うケースが多いですが、ただお金を増やしたいのだったら、やはり国内のほうが手堅いのです。

というのも海外の場合では、銀行融資が借りにくく、借りられても金利も高いので、日本のように大きなレバレッジが効かないのです。だから海外に関しては、ある程度キャッシュをつくって、キャッシュを中心に行うのが適したやり方だと思います。

なぜ、私が海外投資をおすすめするのか。その最大の理由は、「資産を円だけで持っているというのは、リスクの高い状態だから」です。

国内の不動産投資も「特定のどの物件がいい」というよりも、さまざまな物件を持っていたほうがいいでしょう。例えば新築だったり、中古だったり、都心だったり、地方だったりと分散した形でポートフォリオを組んでいたほうが、よりリスクヘッジになります。

それと同じで、やはり円だけではなく、いろんな外貨で持っていたほうがリスクの分散になります。

## 海外投資①「先進国不動産投資」

まず、海外投資のなかで、安定的な人気を誇る「先進国」への不動産投資について考えてみましょう。

日本ではオーナーの立場が弱く、家賃滞納があってもなかなか退去させることはできませんが、先進国ではその辺の法的整備が整っています。

ただし、土地の価格も安定して、発展途上国のように今後、何倍にも何十倍にもなるといったような話はありません。大きなキャピタルゲインではなくて、安定的なインカムを狙っていくような投資が多く、それでも価格が下落する一方の日本に比べて、まだ資産性は上昇していくだろうというところを見ています。

そんななか、アメリカは不動産価格が年々伸びています。常に、家賃も上がっています。家賃についていえば、日本と違って欧米ではむしろ不動産オーナーの権利が強いのが普通です。

したがって、「少しでも家賃を滞納したら、すぐに出ていきなさい」と言えます。売買仲介、賃貸仲介についても法的にしっかりしており、契約社会なので、よほどのことがなければ騙されることはありません。

しかし、市場に透明性があってフェアだといえる反面、日本のような歪みもないので、ものすごく高利回り物件が買えるということはありません。

特にアメリカについていえば、州ごとに一つの国のようになり、法律も税金に関する扱いもまったく違います。そのため、信頼できる業者から買うことはもちろんですが、その州の特性を知った上で、シミュレーションをしっかり行って始めるべきなのです。

## 海外投資②　「途上国不動産投資」

今、海外不動産投資といえば、先進国よりも途上国を思い浮かべる人のほうが多いかもしれません。フィリピン、マレーシア、インドネシアといった東南アジアの国々の不動産投資が盛んです。これから人口が増えて、経済発展する国ということで、キャピタルゲインが大きく見込めるようなイメージがあります。

人が増えて需要が高まり、不動産価値も上がっていく――そういう売り文句でいながら、あまりそれが果たされていない現実もあります。

海外不動産で失敗している人も少なくありません。おそらく買い方に問題があるのでしょう。仲介業者がいい加減だったり、騙す気がなくても知識と経験不足から投資家に不利益が当たるケースもあります。

海外不動産投資の失敗というのは、例えば「プレビルド」といわれる、建物の企画段階で販売される物件で多くあります。数年かけて建てて、竣工後に売れば儲かるという話を聞いて投資したのに、実際に建ったときには大して儲からなかったというケースです。

実際に最近あったケースで衝撃だったのは、東南アジアの某国に、何百という世帯数の大規模コンドミニアムが建つという話がありました。

そこは数年前、私も実際に見に行ったのですが、「需要と供給のバランスは大丈夫かな？」と思いました。正確な戸数は失念しましたが、とにかく世帯数が多い物件でした。

単身者向けですが、海外の駐在員をはじめ、現地の人も3～4人で入居する需要があるから大丈夫だという話だったのですが、私は買いませんでした。

そのとき話されたスキームでは、プレビルドで物件の購入代金を月々払っていき、大体3年後から4年後に完成した時点で、その残りの部分を一括で払わなければいけません。プレビルドの段階では完成時よりも安く買えて、その後は年々3％、4％と価格が上がっていくのです。そのため、3年後に完成する前に、残りのお金を払う前に、転売してしまいましょうというような内容だったのです。

そのような説明を受けた日本人がたくさん買っていたのです。実際に何が起こったかというと、完成間際で、みんなが売りに出してしまったので価格が暴落しました。最終的には、デベロッパーが出している、ほかのまだ決まってない部屋よりも下がるという逆転現象が起きてしまったのです。需要と供給のバランスが崩れてしまったケースです。

結局売れなくて、でも最後の代金を払えないという方も多いなかで、出口を迎えなくてはいけないわけです。結局、かなり値下げして売ったようです。

この問題の業者は、また違う投資家向けに買い取りファンドをつくったのです。またそこで手数料を取って、損をした投資家から安く買い叩いて転売しています。

これは日本人業者が日本人投資家に対してしていることです。結局、最初に買った投資家が一番損をしています。安く叩いて買えた方は若干いいかもしれませんが、結局一番儲かっているのは仲介をしている業者です。これを犯罪かといえば、難しい問題です。投資は自己責任ですから、確証のないおいしい話に飛びついた投資家にも責任があるのです。

また、プレビルド物件では、月々払っていく際には外貨で払っていくので、為替の変動によって支払うべき値段が変わります。為替の影響で月々の支払いが急に跳ね上がり、払えなくなってしまった投資家もいるようです。

月々5万円払えばよかったものが、月々7万～8万円になる。それで売ろうとしても、やはり売れません。

表向きのデベロッパー価格では値段が上がっているのですが、これは定価のようなもので実勢価格ではない、つまりその価格では買う人がいないのです。結局、儲かるどころか損切りのような形でしか売れずに揉めています。

普通に考えれば、完成したときに転売目的で売る人が多いわけですから、売り物の数が出てくるということです。需要と供給の問題で、必要な数より多く商品があれば、値段が下がるのは当たり前です。起こるべくして起こった失敗だと思います。

これは海外で多いのですが、賃貸の部屋は家具家電付きで貸すことが一般的です。購入後そのままでは貸せないので、賃貸に出すため、商品化するためにはある程度手を加えなくてはいけません。

やはり、そのためには客付会社や管理会社が必要なのですが、デベロッパーや売買仲介の業者は、そこまでネットワークを持っていません。まさに売ったら終わりです。

日本の場合は新築であれば、デベロッパーが客付けまで面倒を見ることが多いですし、管理会社も多いですから自分で選んで頼むことができますが、海外の場合ですとワンストップで依頼できる会社が少ないのです。

## 日本人は海外不動産投資の仕組みを理解していない

海外不動産でどうしてトラブルが起きるのか。業者の質が悪いのもありますが、日本人がその仕組みを理解していないのが理由です。

そもそも発展途上国では、日本のような客付会社、管理会社が少ないというケースもあります。そういった購入後の賃貸経営まで考えている投資家は少なく、売れなくて困っているケースのほかに、竣工したものの貸し出せなくて困っているという話もあります。

日本の不動産投資と同じで、購入前にきちんとシミュレーションしてから買うべきです。安易に「値段が上がるから、買っておいたほうがいい」というのは投資ではなく投機です。

基本的に、ドカンと儲かるということは、おそらくありません。そんなにいい話が日本人の一投資家に来るほうがおかしいと思うべきでしょう。

デベロッパーは販売会社、仲介業者はもちろん売買の仲介を行うのが業務ですから、客付けしないのも当たり前です。

細かいところでいえば、日本では「○月○日に引き落としします」といった手紙がやってきますが、国によっては一切そのような通知はありません。また、竣工予定がずれても、その詳細を知らせてくることもありません。

それもあって最終の一括支払いのタイミングを把握しておらず、資金繰りがうまくいかず、損を承知で売却する人もいるのです。

考えてみると、別に騙されているわけではないのですが、日本の場合は仲介業者がワンストップで面倒を見てくれる傾向にあります。当社もそうですが、物件の紹介だけでなく金融機関の紹介もしますし、火災保険や管理会社の選定まで行っています。

そういった日本ならではのきめ細かなサービスが当たり前だという感覚では、海外不動産投資は難しいように感じます。

特に途上国では、まだ仕組みができていませんから、業者がそこまで行うことは難しいです。投資家自身があらゆるところで交渉していく必要があります。しかし日本人だとそれができません。よく仕組みを理解してない上、かつ少ない資金でやっているため、予定外の事態が起これば、慌てて売却するしか方法がありません。それでは、お金が増えるどころか失うばかりです。海外不動産の場合は、ある程度の余裕資金があった上で行うべきですし、現地に信頼できる人がいる人以外は、あまり手を出さないほうがいいかもしれません。

## おすすめの海外金融投資

確かに、海外は伸びしろが大きいイメージがあると思います。やはり日本は人口減少が進んでいますし、これから経済発展して伸びるような要素も少ない。海外を見渡せば、先進国にしても途上国にしても、まだまだ伸びしろ、可能性があるように見えてきます。

また、日本の場合は、買った物件を10年後に売るという場合、大体は買った価格よりも下がるという感覚があります。しかし、アメリカやほかの国では上がっていることが多いわけです。

そういった意味では、不動産は上がる可能性が高いでしょう。しかし、10倍になる20倍になる話ではありません。あくまでもポートフォリオの一つとして、海外資産を持つという感覚です。これは私の個人的な意見ですが、海外の不動産に投資するにあたっては、「この国が好きだな」とか「将来性に期待したい」、そういう趣味や夢を含めて買っているのならいいのかもしれませんが、投資として考えていくと、結局レバレッジは効かないわけです。

また、キャッシュを使うのであれば、海外の金融商品もおすすめです。

1998年に外為法が変わって、海外の金融商品を購入することができるようになりました。

**外為法**

外為法とは「外国為替及び外国貿易法」の略で、日本と外国との間の資金や物、サービスの移動などの対外取引や、居住者間の外貨建て取引に適用される法律です。

外為法は1998年(平成10年)に抜本的に改正され、資本取引の「事前届出・許可制」が原則として廃止されました。これにより、現在は、対外取引を行った後に当該取引の内容を財務大臣や事業所管大臣等に事後的に報告する「報告制度」が基本となっています。

日本では、証券会社も銀行もすべて、金融庁の登録を受けている金融商品しか取り扱うことができません。

海外の商品も日本で取り扱っていますが、世界中にある投資信託（ファンド）の数からいえば5％程度しか日本では取り扱っていないのです。

外貨建てであっても、金融庁に登録するにもコストがかかりますし、日本のルールに適応させなくてはいけません。その結果、日本で外貨建ての投資信託は利回りが低いのです。日本の証券会社や銀行では、その金融庁に登録されているものしか紹介することができないのですが、外為法改正によって金融庁に登録されていないファンドを自ら購入することはできます。

海外の金融商品のなかには、相続税対策に有効なものもあります。専用の口座をつくれるものもあります。途中で積立金額を増やしたり減らしたりということができる商品もあります。

海外のものは日本に比べて、柔軟性が非常に高いと思います。一部の海外の金融機関では日本語も通じますし、サポートも日本語なので、もし何かあっても日本語で答えてくれます。

本来では一個人ではできないようなヘッジファンドに投資できるわけですから、非常に魅力的な商品です。

これらの商品はオフショアの国で運用されています。もともと、そのオフショアというのは、お金持ちが自分のお金を残すためにそういう制度をつくっているのです。

オフショア市場とは、金融規制、税制面で優遇された市場を指します。規制や課税の方法を国内市場と切り離し、比較的自由に行う、主に外国人の非居住者向けの金融市場です。

有名なところではイギリスのマン島やカリブ海のケイマン諸島がありますが、世界中にはヨーロッパ・地中海、アジア・太平洋、太平洋・カリブ海に40カ所以上の国と地域が存在します。

これらの地域は、資産運用や財産の保全に最適の場所とされており、世界中多くの金融機関が集まっています。また、オフショア市場で設定されたファンドのことを「オフショアファンド」といいます。

オフショア市場の長所を挙げると次のとおりです。

**オフショア市場の長所**

・高格付けの銀行……オフショアには世界的に格付けの高い銀行がたくさん存在する
・優秀な金融商品……現在、世界の資金の半分以上がオフショアで動いているといわれている
・税金がかからない……オフショア地域ではまったくの無税か、またはきわめて低い税率しか課せられない
・プライバシー保護……オフショア機関は個人及び企業情報を開示する義務がなく、プライバシーと秘密性を提供できる
・規制上のメリット……規則がシンプルで分かりやすく、低コストで遵守することができる
・共同口座の開設……夫婦、親子、またはビジネスパートナーなど、戸籍上のつながりのない人の共同名義でも口座開設が可能

このような魅力的な市場で、優秀なファンドマネージャーが運用する一流の金融機関の

ファンドにアクセスが可能なのです。

多数の積立商品があり、なかには月々数十ドルで行える手軽な商品もあります。特に私がおすすめだと思うのが、ドルコスト平均法で外貨商品の積み立てが行えることです。ドルコスト平均法とは値動きのある商品（ファンド・外貨等）を一定の金額で継続して購入する方法です。

商品価格が高いときは少量しか購入できないため、高値つかみする量は少なくなります。また、商品価値が低いときは、多くの量が購入できて、購入コストが安くなります。海外ファンドを毎月一定額分ずつ買い付けた場合と、一定口数分ずつ買い付けた場合を比較すれば一目瞭然です。ドルコスト平均法を利用することで、同じ投資金額でも合計口数が多くなり、平均買付価格も安くなります。

こうして少額の積み立てであっても時間を味方にすることで、運用の成果を大きく上げることができるのです。積立投資は元本と利息の合計金額を運用することで、利息が利息を生む複利効果が期待できます。

## ドルコスト平均法

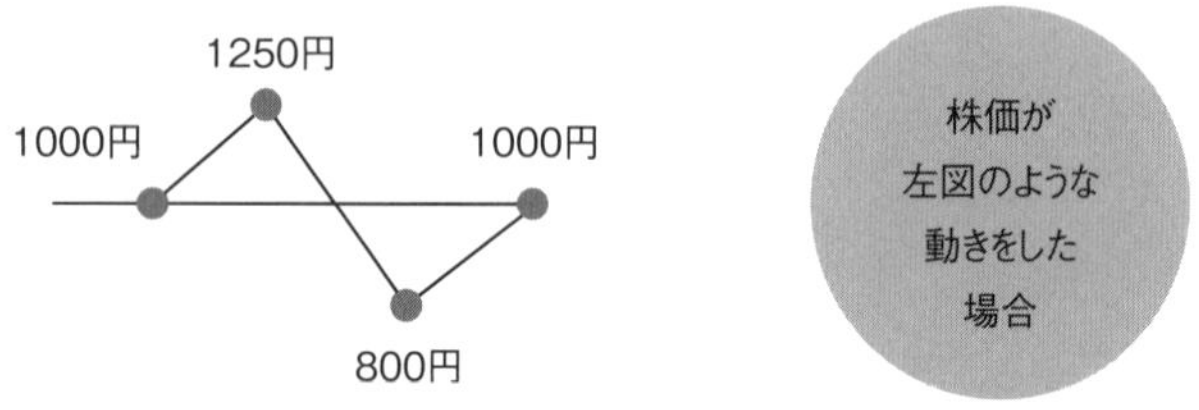


| | 毎月1万円ずつ買う（ドルコスト平均法） | | 毎月10株ずつ買う（普通の買い方） | |
|---|---|---|---|---|
| | 買付金額 | 株数 | 買付金額 | 株数 |
| 1カ月 | 1万円 | 10株 | 1万円 | 10株 |
| 2カ月 | 1万円 | 8株 | 1万2500円 | 10株 |
| 3カ月 | 1万円 | 12.5株 | 8000円 | 10株 |
| 4カ月 | 1万円 | 10株 | 1万円 | 10株 |
| 合　計 | 4万円 | 40.5株 | 4万500円 | 40株 |
| 平均買付単価 | **987**円65銭 | | **1012**円50銭 | |

**上記の例ではドルコスト平均法を利用することで、同じ投資金額でも合計口数が多くなり、平均買付価格も安くなります。**

## 複利効果

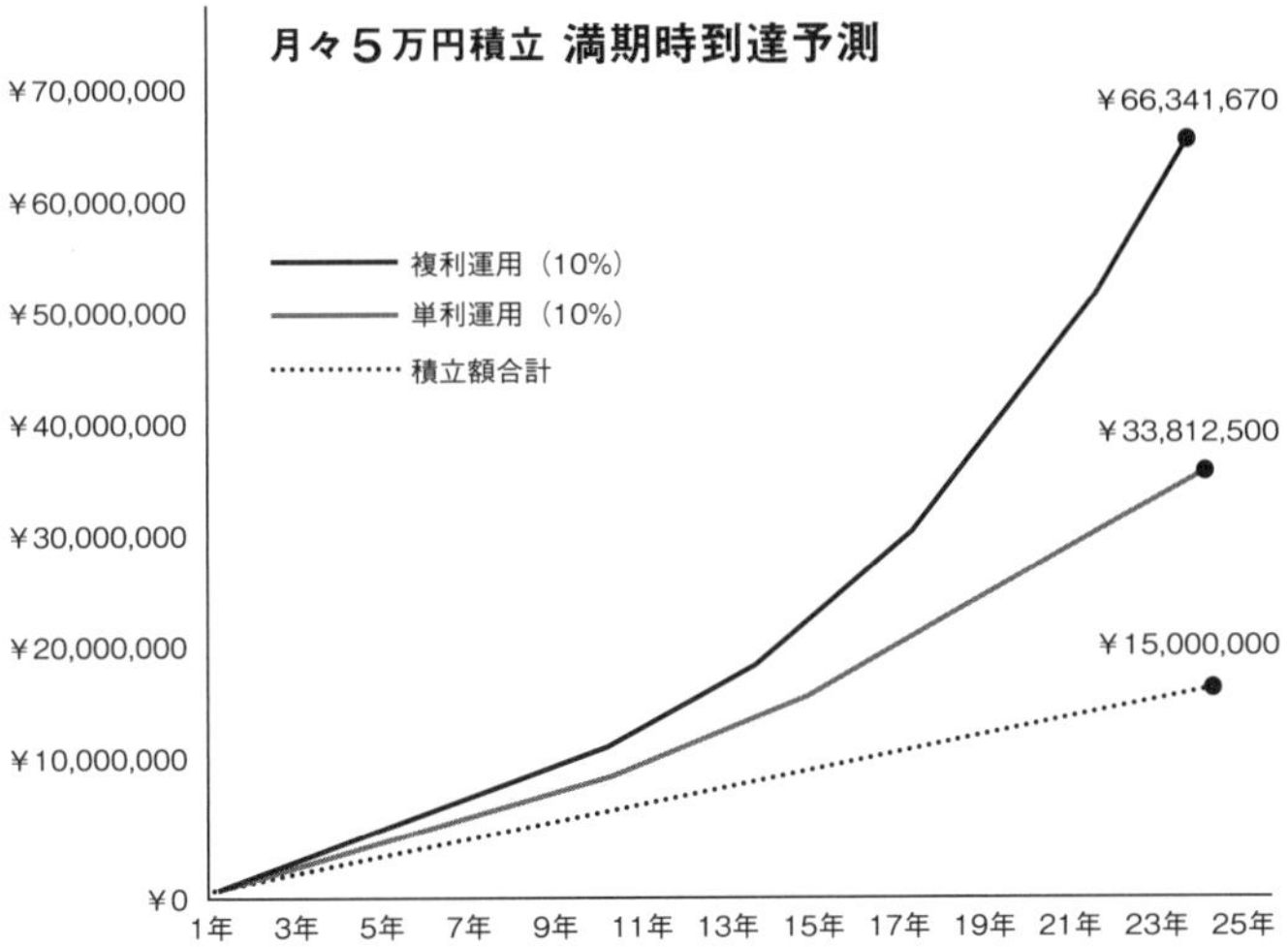


**少額の積み立てでも、時間を味方にすることで、**
**運用の成果を大きく上げることができるのです。**
**積立投資は元本と利息の合計金額を運用することで、**
**利息が利息を生む「複利効果」が期待できます。**

## 複利のパワーで老後資金をつくる

かのアインシュタインが、「人類最大の発見は複利だ」と言っているように、複利の効果はすごいものです。

月々5万円を25年間、10％で運用するといくらになるか。

例えば、月々5万円を積み立てるとします。5万円×12カ月で1年60万円です。60万円が25年で×25すると、1500万円。これを積み立てていくわけです。

複利を使うとどうなるかというと、まず5万円を払います。これを10％で運用していきます。次の5万円も先の5万円プラス利子に足して、10％で回していきます――このように積み立てながら25年間運用していくと6634万円。

ちなみに月10万円で積み立てながら10％複利で25年間運用すると1億円を超します。

よく「老後を豊かに過ごすためには、定年時に夫婦で1億円必要だ」といった数字が出ていますが、それを普通に現金だけで積み上げていくと思うと、月々20万円以上貯金しなければいけません。しかし複利を使うと、もっと少ないお金で実現できるのです。

月10万円を25年間複利で積み立てると、金利10％で1億3200万円になります。総支払額は、10万円を12カ月の25年なので、3000万円で、4倍以上になる計算です。

要するに複利というのは、まず利息がつく、その利息がついたものに対して今度は利息がつくのです。またその利息がついた、増えた部分に対してまた同じ利息がつくわけで、どんどん増えていくのです。これが複利の力です。

投資商品ですから100％の確約はありませんが、その可能性はあるということなのです。

海外には日本にはないような金融商品がたくさんあります。15年で、元本の140％を保証するという商品もあります。

さらに、これらの金融商品は、相続対策にもなります。

例えば共有名義で父と子にしておいた場合、お父さんが亡くなったときには、そのまま子どもに引き継ぐことができるので、相続税が発生しないのです。これは、共有名義ではなかったとしても、基本的には申請すれば引き継げます。利益を確定していないものなので贈与にもなりません。利益が確定していないから、ただ名義が変わるだけとなり、資産が何も確定していないので税金は発生しないわけです。ただ、これを現金として出してしまうと、本来は自己申告しなければいけなくなります。

積み立てしておいて、自分が例えば60歳や70歳になったときに、子ども名義に切り替えれば、子どもは相続税なしにこれをそのまま引き継ぐことができます。

当社の新卒の24歳の社員が、25年、月に5万円の積立を始めるそうです。私が研修で話をしていたら「お客さんにすすめるより、まず私がやります」と言っていました。24歳なので、25年後に49歳。50歳手前で1億円近く資産をつくれるのです。

## 海外投資の比率

資産状況にもよりますが、どちらにも偏らず、日本円と外貨でしっかりポートフォリオを組むのが理想的です。

この金融商品の積み立てであれば、クレジットカードからの自動払いとなるので、イメージ的には日本のお金を自動的に海外に移していくイメージです。

特に不動産投資家は日本の土地を中心に購入していきますから、ポートフォリオが日本に寄り過ぎているところがあります。

資産のほとんどを日本に依存しているということは、ファイナンシャルプランナーの観点でいうと健全ではないと見なされます。やはりリスクヘッジとして、外貨でいくつか資産を持つのはいいことだと思います。

こういったことは、一般では知られていません。おいしい話には裏があるように為替のリスクもありますから、実際にされている人から話を聞くのがよいのではないでしょうか。

私は海外についていえば、海外不動産よりも、海外金融商品のほうが入りやすいと思っています（始めやすい積み立てから入って、いろいろ知識を溜めて海外に自分の口座を開いたり……）。また、英語を話せるようになっていろいろコミュニケーションがとれれば、やはり現地の海外不動産を買うにしても、幅も広がると思います。

# 第9章

# 嘘を見抜いた投資家がさらに資産を築くための戦略

## 投資の基本は「ＦＩＲＥ（ファイヤー）」

投資家は投資の基本は「ＦＩＲＥ（ファイヤー）」であることを頭に入れてください。ファイヤーというのは、次のような内容となっています。

**Ｆ……ファイナンス。金融商品など**
**Ｉ……インシュア、保険**
**ＲＥ……リアルエステート。不動産**

ファイナンスは金融商品です。海外の投資信託など金融商品を指します。

インシュアは保険です。保険でのリスクヘッジに加えて、節税ができますし、海外投資のなかにも保険商品は含まれてきます。

最後の不動産では、不動産投資で売買されるリアルエステートもありますし、投資信託のなかには不動産で運用しているものもあります。

メリットも多い不動産投資ですが、デメリットとして流動性に欠ける部分もあります。

それでも、ポートフォリオに組み込むべき理由がいくつかあります。不動産はインフレ時にヘッジになること。不動産は株や債券とは、景気循環が異なります。

多くの不動産投資家は、不動産しか見ていない場合が多いのですが、不動産だけを知っていればいいということではありません。投資家が成功するためには、この3つをマスターする必要があります。

投資をする主な理由は、投資には投入した金額以上に収入を得られる可能性があるからです。その収入とは、家賃をはじめ、利子、配当、あるいは投資商品を売却したときに得られる利益からかもしれません。

ほとんどの投資は、この定義にあったもので、利子は固定もあれば変動もあります。また高いもの低いもの、安定性のある投資からハイリスク・ハイリターンの投資もあるのです。

投資は、投資家の目標によって、魅力的に見えたり、その反対に見えたりします。投資家にとって投資選びのポイントは次のとおりです。

**投資選びのポイント**

・換金性……換金性とは、元金を失うことなしに、資産を現金に換える能力のこと。不動産は売るのにかかる時間と、売却時の市場価値が予測できないという理由で、換金性が低いと見なされている。

・市場性……市場性とは値段にかかわらず、資金を現金に換える能力のこと。

・レバレッジ……レバレッジとは投資の資金の供給の一部として、融資を使うこと。不動産売買は他の投資に比べて、高くレバレッジをかけやすいという側面があります。

・管理……管理とは、投資をモニターするコストです。不動産管理でいえば、全体的な物件の運営と建物のメンテナンスが含まれます。

・税金の影響……税金は投資の収益、損失に影響を与えます。

・収益率……収益率は利回りを指します。投資期間中に、投資した金額に対して何%の収益が生まれるのかということです。なお収益率は税引き前と税引き後で見積もることが可能です。

・リスク……リスクとは、投資の元金や潜在的収入を失う可能性のことです。

### 投資の種類とリスク・リターン

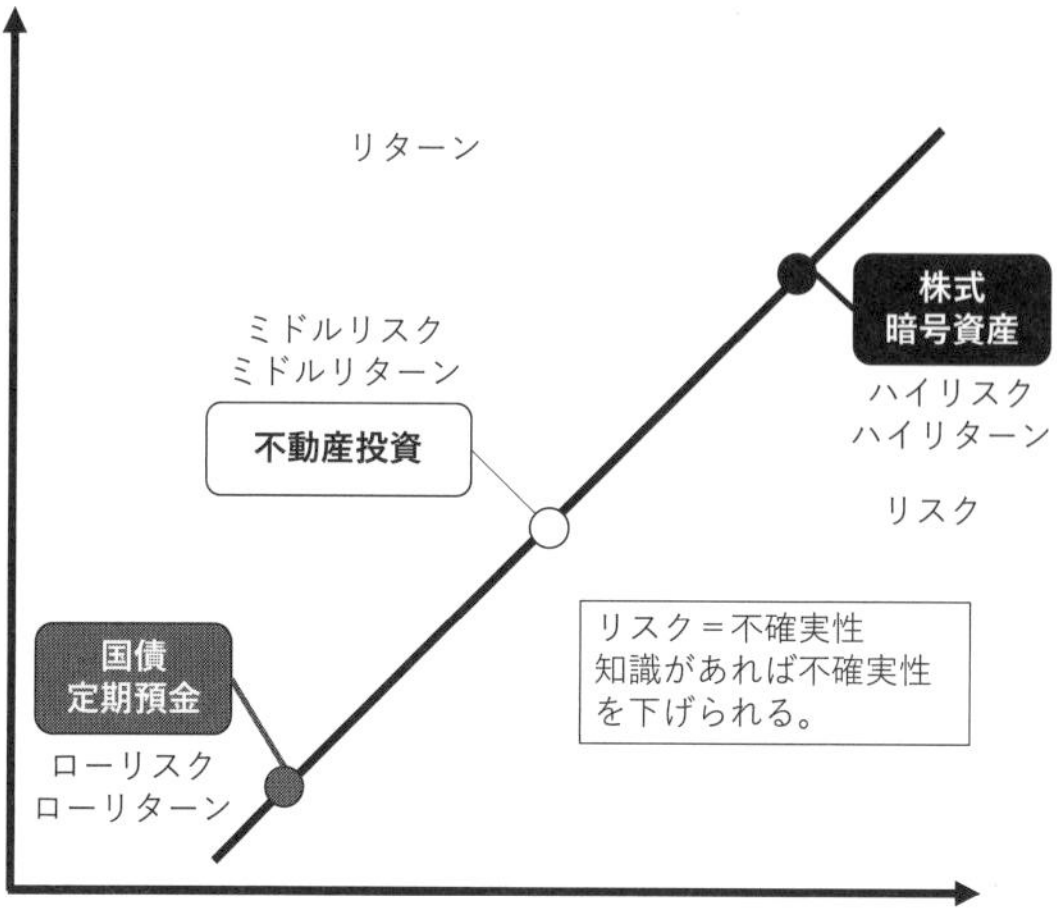


投資の種類とリスク・リターンを説明すれば、国債や定期預金はローリスク・ローリターンです。安全に運用できますが利益も少ないのです。ハイリスク・ハイリターンに期待できますが、それに比例してリスクも大きくなります。不動産投資は、その中間にあるミドルリスク・ミドルリターンの投資です。繰り返しになりますが、リスクとは不確実性であり、不動産投資におけるリスクは知識があれば下げることができます。

## ＦＩＲＥしてＦＩＲＥを目指す

この投資におけるＦＩＲＥを活かして、さらにＦＩＲＥするのが最近のトレンドです。

このもう一つのＦＩＲＥとは

**F Financial　（経済的に）**
**I Independence　（自立した）**
**R Retire　（退職）**
**E Early　（早期）**

「経済的に自立した早期退職」のことです。

計画的に収入増と支出減を行い、さらに貯蓄率を最大化することで早期退職を目指すというのが主旨です。これは「４％ルール」という考え方がもとになっています。４％ルールとは、「年間支出の25倍の資産を築けば、年利４％の資産運用で生活費を賄える」というものです。年間支出が４００万円であれば、１億円の資産を築き、これを年利４％で運用できれば生活費によって資産は減らないということになります。

４％ルールを達成するためには資産を築かなければなりません。それが「ＦＩＲＥ（経済的に自立した早期退職）」です。収入増加を目指しながら力強く節約を進めることで少しでも早く目標資産を築き、4％ルールを達成することで早期退職できるということです。資産形成の過程でこの節約に加えて「FIRE（金融商品・保険・不動産）」による投資を組み合わせることでより早く目標に近づくことができます。これが「FIREしてFIREを目指す」という新しいトレンドです。

ただ、付け加えると1億円の資産を築いたら何もしなくていいというわけではありません。その1億円の資産と年利4％を維持するための適切な資産運用・管理は必要になってきます。人生的な尺度で見た早期退職という一つの目標に向けた一つの目安として捉えるのが適切だと思います。

また、この「4％」という数字はアメリカのS＆Pの成長率7％からインフレ率3％を引いて、株式投資では平均して4％くらいで運用できるだろうという予測で設定されています。日本の日経平均株価で見ると最近20年間では0・786％でした。数字だけを見ると国内株式市場だけで「〇％ルール」を達成するのは難しいかもしれません。長期的に安定して達成できる〇％の投資を見つけ、それを目指す必要性があります。例えば不動産投資であればネット利回り4％を目標に定期的に資産組み替えを行いながら資産を維持していくのは難しくはないでしょう。

## 不動産投資だけにこだわらない

一般的な社会観念だと、「ローンは悪で、繰り上げ返済するべきだ」というような話になりますが、これはまったく逆です。現金が手元にないほうがよっぽどリスクが高くなります。

借金には、良い借金、悪い借金がありますが、不動産投資をしている人は、その考え方ができているのだと思います。

私は資産形成に不動産投資が有効だと考えていますが、投資として一番正しいということではありません。資産を増やして安定的な収入を得たいのであれば、別に不動産投資だけにこだわる必要もないわけです。

ただ、投資にもいろんな種類があり、お金がないなかで資産を増やしやすいのが不動産投資だというのは間違いありません。他人の資本を使って投資できるのが最大のメリットですから、繰り上げ返済するのはナンセンスです。

とはいえ、利益を確定させずにずっと保有するというのは、不動産投資ではありません。成功したいのであれば、シミュレーションをして、何年で転売したほうがいいのか。もしくは、持ち続けたほうがいいのか。持ち続けた場合にはちゃんとプラスになるのかどうかを試算しましょう。持ち続けてもマイナスになるのであれば、早めに確定させて次の投資を行います。

ただし「必ず○年以内に利益を確定させなくてはいけない」というわけではありません。きちんとシミュレーションした結果、持ち続けたほうがいいと判断したのであれば、それはそれでいいのです。

避けるべきなのは、ただ漠然と所有しているだけという状態です。常にアンテナを張って出口を見据えていきましょう。

## 出口を見ない不動産投資はリスクでしかない

ここまで不動産業界の嘘について述べてきましたが、本章では不動産投資を勝ち抜いていくための戦略を解説します。

不動産投資は常に「利益を確定する」という出口を見ながらの運用でなければいけません。

家賃による安定収入にこだわらないほうが賢明です。家賃＝不労所得だから、老後まで物件を持ち続けるという考え方はやめて、出口を見据えながら資産を構築する手段だと考えましょう。

不動産投資で資産をつくり、海外で投資するというのが私自身の投資スタイルですが、それが正解かどうかは別として、何か一つの投資先にこだわるのはリスクが高いのは事実です。

単純に考えて、日本は人口が減っていきます。住む需要が減るなかで、建物はだんだん古くなって壊れていきます。それでも新しいアパートやマンションがどんどん建ちます。需要が増えないのに、新しいものが出てくるというなかで、同じものを継続して持つというのは、それだけで一つのリスクなのです。ローンがなくなったとしても、修繕が必要な上に、結局壊すことにもお金がかかるわけです。やはり持ち続けることのリスクというのは、常につきまとうのです。

ここで、「不動産投資のリスクとは何か」を改めて考えてみたいと思います。リスクは次のように定義できます。

**リスクの定義**

・利回りのばらつきに影響を与える出来事や状況
・実際の利回りが期待される利回りと異なる度合い

大切なことは、利回りは将来上がることも下がることも予測されますが、それ自体はリスクではありません。リスクとは、それが期待どおりにいかないことを意味しています。リスク分析では、リスクの潜在的な要因を検討して、その重要性と、その他の利回りに影響を与えるものとの関係を分析していきます。

リスクのなかには、ほかに転嫁できるものがあります。例えば、自然災害リスクをヘッジするために保険に加入するといったようなことです。

また、一つの投資に影響を与えるような経済的出来事は、他の投資には影響を与えないかもしれません。そのため、ポートフォリオのなかで、複数の投資を持つことによって多様化できます。

転嫁したり多様化したりした後にまだ残るリスクについては、そのリスクに見合った利回りが期待できなければならないという意味で値段がつきます。

投資家はリスクを負うからには、増加収益（リスク・プレミアム）を期待するのです。つまり、ローリスク・ローリターン、ハイリスク・ハイリターンのように、リスクが少ない代わりに利益も少ない、逆にリスクが大きくなれば、その分だけ利益も大きくなる可能性があるということです。そういったなかでは不動産投資は、ミドルリスク・ミドルリターンに位置付けられています。

## 不動産投資の流れ
## ～戦略から売却まで～

ここで本書のおさらいとして、不動産投資を行うにあたって知っておくべき流れをまとめましょう。戦略から購入・運用・売却そして再投資と一連の流れを簡単に振り返っていきます。より詳しく確認されたい方は、参照すべき章を記載しましたので、もう一度読み返して理解を深めてください。

### ① 戦略（第1章参照）

不動産投資を行うためには、将来的にどれくらいのキャッシュフローを得たいのか、どれくらいの投資規模を目指すのか、戦略を立てることが不可欠です。

法人でいくのか、個人なのか、個人と法人を組み合わせていくのかを見ます。個人でスタートした場合であっても、しっかり戦略を立てれば最終的に法人に切り替えていくことは可能です。

大事なのは融資であり、どの金融機関がどのように物件を評価するのか、物件ありきではなく、融資の優先順位を高めておくことが目標達成に欠かせません。

## ② 購入（第2章・第3章参照）

購入では、できるだけ多くの種別の物件と、ある程度エリアをバラして所有することがリスクヘッジになりますが、融資の側面からいえば、「融資の出やすい立地」「融資の出やすい建物」が各金融機関にあります。そのポイントを押さえることが前提となります。

購入にあたっては、その地域の需要と供給といったマーケットの分析を行うこと、また建物の状態（リフォームが必要なのか、必要であればいくらなのか）について、しっかり見極めることが肝要です。そこの部分を怠ってしまえば、いくら資金調達がうまくいっても賃貸経営を行うことは難しくなります。

また、購入時には投資指標を理解して、きっちりと試算を行います。第3章で詳しく紹介していますが、購入時点において売却までを見据えてシミュレーションすることが不可欠です。

### ③ 運用（第4章・第5章・第6章参照）

その後の管理運営において主となるのは、空室を減らしてなるべく高稼働させることです。そのためにも、賃貸経営のパートナーとなる管理会社選びは慎重に行います。そのほか、再投資による資本改善も行います。リフォームという再投資によって、どれだけの収益が上がるのか、出口を見据えたときに費用対効果があるのかを検証します。併せて節税や保険の活用もまた円滑に運用するために欠かせないことです。

### ④ 売却（第7章参照）

最後は売却による利益確定です。不動産投資は売って初めて投資の成果が出るものです。出口を決める上では、「次の購入者がローンを組めるか」ということがキーとなります。そこで重要な役割を果たすのは耐用年数で、大手都市銀行はこれを見るケースが多いです。そして、10年後の売却を想定するのであれば、あらかじめ試算を行っておき、7年目から13年目で市況を見ながら売却の判断を行いましょう。6年の期間があれば景気の波もある程度変わっているので、想定どおりに行く確率も高くなります。

また、出口にはオーナーチェンジでの売却以外の方法もあります。長期間保有して最終的に建物を解体して土地として売却する、リノベーションを行う、建て直しを行うといった種類があります。道は一つではありません。あらゆる要素を勘案して出口戦略を決めましょう。

たとえ所有する場合でも、漫然と持ち続けるのではなく、常に市場価値を意識して「売ったらいくらになるのか」は把握しておいたほうがいいでしょう。そのためには、IRRを理解することが重要です。IRRとは、「内部収益率」を意味し、ある投資案件における各期のキャッシュフローの正味現在価値の合計が、初期投資額と等しくなるときの割引率のことです。

## ⑤ 再投資

最後は再投資です。不動産投資において購入する不動産が1棟だけというケースは珍しく、人にもよりますが、目標とする資産をつくるためには再投資を行います。購入から売買を繰り返していくことにより、より資産が増えていくということです。

不動産投資の最大の魅力はハイレバレッジをかけられることです。サラリーマン投資家であっても、有利な融資が受けられる環境が整った現状では、不動産投資を始める絶好のチャンスといえます。

しかし、急激に買い手が増えたこともあり、現在は物件価格が高騰しているのも事実です。また、個人属性だけで融資がつくケースでは、投資に値しない物件を購入してしまう恐れもあります。

これまで紹介してきた不動産投資を取り巻く嘘はすべて事実であり、しっかり知識を持っていなければ、大きく損をしてしまうような物件を購入してしまうこともあります。「無知は罪なり、知は空虚なり、英知持つもの英雄なり」と言ったのは、かの有名な哲学者ソクラテスです。

知らなかったことで損をしたり失敗するというのは事実です。しかし、いたずらに知識だけを詰め込んでも頭でっかちになるだけで、不動産投資でもよく見かけますが「いつまでも理想の物件を追い求める、買えない人」になってしまいます。

結局のところ、大事なのは、「知識を得る努力と、その知識を活用する努力の両方が必要である」ということなのです。

## 不動産投資家が目指すべき道

事業化を進めていきたいと考えたとき、戦略があるかないかで大きな差が出てきます。例えば、最初から法人名義でコツコツ保有物件を増やしていき、出口を確定できるものを売却しながら、売った分でより良い資産に入れ替えていく方法があります。

賃貸経営を事業としてやっていくには、年商を高める必要があります。1億円の物件を売却すれば、1億円の年商が立ちます。これを繰り返すことで年商を伸ばすことができ、融資が有利になるでしょう。

ただ、事業融資を受けようとする場合、年商を見て入り口で断られるケースも過去にありました。事業融資では年商が重要になることと、定期的な資産組み替えの必要性から、「5棟1売1買」のようなプランが考えられます。常に5棟保有しつつ、毎年1棟を売って1棟を買うのを繰り返すというものです。毎年年商が立ち、資産の組み替えを行えるという点でおすすめです。規模が大きくなれば「25棟5売5買」のように年商を伸ばしていくことも可能です。ただし事業的な売買を進めるには宅建業の免許が必要になります。

法人の場合、不動産用のBS、PLをつくりましょう。これは図（258・259ペー

## 法人BS

B/S　貸借対照表

| 資産 | 負債 |
| --- | --- |
| ＜流動資産＞ | ＜流動負債＞ |
| ・現金預金<br>・未収入金 | ・預かり敷金<br>・未払い金 |
| ＜固定資産＞ | ＜固定負債＞ |
| ・建物<br>・土地 | ・長期借入金 |
| | **純資産** |
| | ・資本金<br>・純利益（繰越余剰金＋当期純利益） |

※不動産投資用に簡略化

ジの図）を見ていただくのが分かりやすいと思います。

ＢＳとＰＬは法人の決算書にある財務諸表の一つです。ここでは、分かりやすく説明するため、不動産投資で使われる科目で簡略化したＢＳとＰＬを作成しました。

まずＢＳ（balance sheet）から解説します。ＢＳとは賃借対照表のことで、左側に資産、右側に負債と純資産を記載します。資産のうち、流動資産は現金預金、未収入金。固定資産は保有している不動産（土地・建物）を指します。負債のうち、流動負債には預かり敷金、未払い金。固定負債の長期借入金は銀行融資を指します。純資産は資本金（会社設立の際の資本金）と資産から負債を差し引いた純利益に繰越余剰金を足したものです。

ＢＳでは純資産を増やしていくことが大切です。当期純利益を毎期出さなければ純資産は上積みされていきません。

続いてはＰＬ（profit & loss statement）です。ＰＬ

## 法人PL

**運用期間中のP/L表**

P/L　損益計算書

【純売上高】
・家賃収入

－　【販売費及び一般管理費】

－　【営業外費用】
・支払い利息

－－－－－－－－－－－－－－－－－－－－

**経常利益**

－　法人税・住民税及び事業税

－－－－－－－－－－－－－－－－－－－－

**当期純利益**

**売却時のP/L表**

P/L　損益計算書

【純売上高】
・家賃収入
・建物売上（実際の売却額）
・土地売上（実際の売却額）

－　【売上原価】
・建物仕入（簿価）
・土地仕入（簿価）

－　【販売費及び一般管理費】

－　【営業外費用】
・支払い利息

－－－－－－－－－－－－－－－－－－－－

**経常利益**

－　法人税・住民税及び事業税

－－－－－－－－－－－－－－－－－－－－

**当期純利益**

| 販売費及び一般管理費 | | | | | | |
|---|---|---|---|---|---|---|
| 役員報酬 | 減価償却 | 通信費 | 支払手数料 | 接待交際費 | 諸会費 | 管理諸費 |
| 保険料 | 旅費交通費 | 水道光熱費 | 租税公課 | 新聞図書費 | 会議費 | 雑費 |
| | | | | | | ……等 |

は損益計算書です。こちらも不動産投資用に簡略化しています。

2つの計算表がありますが、左側はその期で不動産の売買をしていないケースです。純売上高（家賃収入）より、販売費及び一般管理費、営業外費用として支払い利息を差し引くと経常利益が算出されます。そこから法人税等を差し引いたものが当期純利益となります。

販売費及び一般管理費とは、役員報酬・保険料・減価償却・旅費交通費・通信費・水道光熱費・支払手数料・租税公課・接待交際費・新聞図書費・諸会費・会議費・管理諸費・雑費など、不動産賃貸事業に関するコスト全般（支払い利息は別）を指します。

右側のPL表は、売却をした場合のものです。純売上高には家賃収入に加えて、土地と建物の売上として実際に売却した額（時価）を入れます。個人名義の物件を売却した場合は分離課税となり、別途譲渡税の計算が必要ですが、法人の場合は総合課税となり計算が一緒になります。

なお、純売上高が一般的にいう年商となり、売却をすることで年商が上がります。例えば1億円で購入した物件を9000万円に下げて売ったとしても、家賃収入に加えて建物と土地の売上として、9000万円の年商アップが見込めるのです。

売却額を入れた純売上高から売上原価である建物仕入価格・土地仕入の価格（簿価）、販売費及び一般管理費、営業外費用を差し引いて経常利益、そこから税金を差し引いて当期純利益を算出します。建物は減価償却ができますから、先ほどの1億円で買った物件を9000万円で売却したとしても、そのときの簿価が8000万円であれば、帳簿上の利益が1000万円アップします。

こうしたことが理解できれば、決算書のBSとPLを見るだけで自分の法人がどのような状況にあるのか把握ができます。

時価と簿価は個人でも法人でも同じで、含み損益があるかどうかということを判断するものです。なんの考えもなしに税理士に丸投げするのではなく、戦略のもとにアウトソー

### 信用保証協会

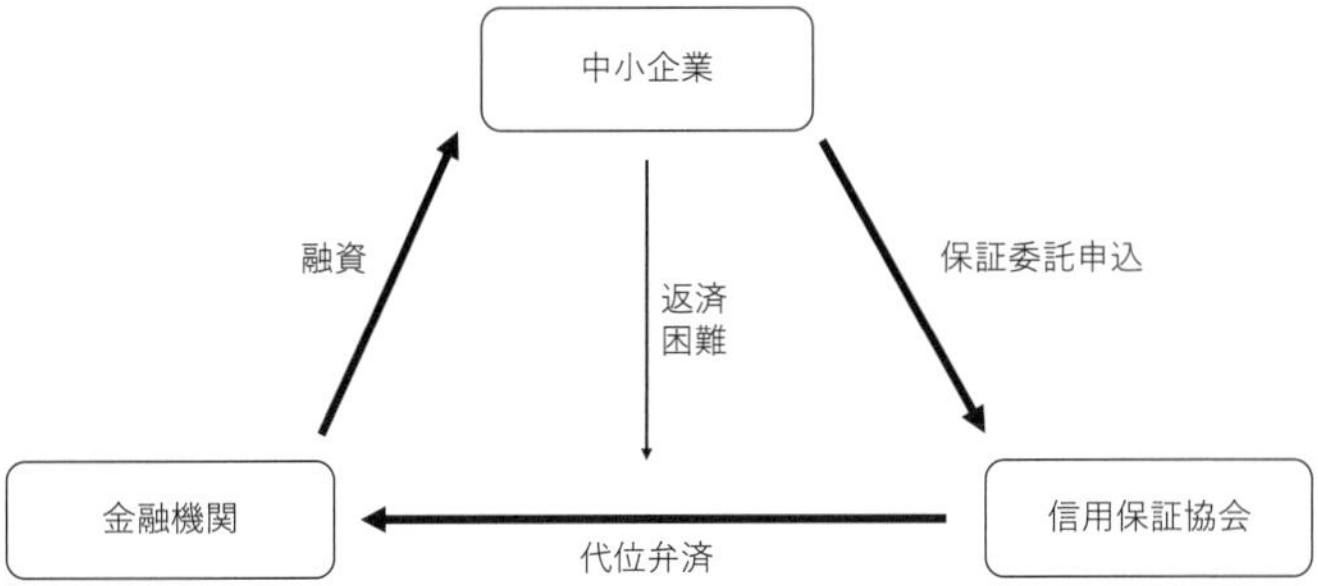


スしていく戦略が重要です。

また、大多数の人が最初は居住系から始めますが、事業として成長させていくなら、ビルやホテルも対象にすることで専門性がより高まり、ハイリスク・ハイリターンになります。これは法人における戦略ですが、規模拡大を考えている人はぜひチャレンジしていただきたいと思います。

もしくは、事業としての基盤をつくり、最終的には宅建業を取得して事業の幅を広げる選択肢もあります。

つまり、売買を繰り返していき宅建業になれば、それによってスピードも増し、融資を受けられる物件も増えます。また、業者用の物件システムを閲覧することも可能になります。

よくこの話をすると、「宅建業者さんから物件を紹介されなくなるのでは?」という質問がありますが、その心配は不要です。現に当社は宅建業者ですが、物件を取得しています。仲介業務を行うなら話が別ですが、普通にお客さんとして売買するということであれば、宅建業者かどうかは関係ありません。また、自分で判断する知識が必要と記載しましたが、宅建士取得も一つの方法だと思います。

法人の銀行開拓ですが、県もしくは市の保証協会付きにすることで金融機関を開拓できます。これは、新規の金融機関の取引で効果的です。

まずは返済して実績を積み、そこから保証協会なしでプロパー融資を受けるのを目指していくのがいいでしょう。

## 知っておきたい不動産投資の指標

最後に本書で紹介した投資指標に関する用語について、まとめて紹介します。

聞きなれない言葉もあると思いますが、理解できれば不動産投資の強い味方となります。必要なシミュレーションについては当社でも行っていますので、自身の所有物件の分析を行いたいという方、今後どのような物件を購入していけばよいか迷われている方はお気軽にご相談ください。

## 投資指標

| | | | |
|---|---|---|---|
| GPI | 総潜在収入 | Gross Potential Income | 年間満室賃料 |
| EGI | 実効総収入 | Effective Gross Income | GPI－空室損失－未回収損 |
| Opex | 運営費・<br>オペレーションコスト | Operating Expenses | |
| NOI | 営業純利益 | Net Operation Income | EGI－Opex |
| ADS | 年間ローン返済額 | Annual Debt Service | |
| CF | キャッシュフロー | Cash Flow | NOI－ADS=BTCF／BTCF－TAX=ATCF |
| K% | ローン定数 | Loan Constant | ADS/現在のローン残高<br>融資期間と金利で決まる |
| FCR | 真実の利回り | Free and Clear<br>Return=OAR | NOI/Total Property Cost =ROI　全額自己資金の場合の利回り＝抵当権設定がない FCRとK%は対比する |
| CCR | 自己資本利益率 | Cash on Cash Return=C on C%,=EDR,=ROE,ROI | CF/Equity=(NOI-ADS)/Equity=ROE<br>レバレッジ効果 FCRとCCRは対比する |
| DCR | 借入金償還余裕率 | Debt Coverage Rate | NOI/ADS ローンの安全率 |
| BE% | 損益分岐点 | Break Even Rate | (Opex＋ADS)／GPI |
| NPV | 正味現在価値 | Net Present Value | 将来得られる収益をリスクに応じて割り引いた現在の価値。例えば、インフレ率2%とした場合、1年後の100万円は正味現在価値では約98万円となる。 |
| IRR | 内部収益率 | Internal Rate of Return | ある投資案件における各期のキャッシュフローの正味現在価値の合計が、初期投資額と等しくなるときの割引率のこと。言い換えると、NPV(正味現在価値)が0になるときの割引率を指す。 |

## おわりに

最後までお読みいただきまして、誠にありがとうございました。

本書でご紹介したように、ちょっとした誤解程度のものから、騙されては大変な重大なことまで、不動産業界にはたくさんの「嘘」があります。

そのため、読者の皆さまのなかには、不動産業界に対して、あまり良いイメージを持っていない方もいると思います。私は「そんな不動産業界を変えていきたい！」という気持ちから、２００７年に不動産会社を設立しました。

永続的な繁栄を目的として、「お客さまを感動させること」をコーポレートスローガンとし、関わった人すべてが幸せになっていただける企業を目指しています。

最後に私の座右の銘をご紹介したいと思います。

「卓越とは、１０００の細かいことである―― Excellence is a thousand details ――」

この意味を知っていますか？

卓越とは「群を抜いてすぐれていること」です。日々のちょっとしたことをコツコツと積み重ねていくことによって、卓越がつくられるという意味です。このような言葉があるように、事業として、点（Point）という投資用不動産や資産運用のプランニングから、そこからその先（Precedent）という無限の可能性を追い続けていきます。

プラス1％の小さな気遣いやサービスをお客さまにご提供することにより、そこから生まれてくる満足そして感動へとつなげていけると確信して、日々業務に邁進していきます。

また、不動産業界がより良いものになっていくよう、ＣＰＭ®やＣＣＩＭ®が認知されることを望んでいます。そして、私自身も不動産投資を学び続けていきたいと考えていますし、不動産投資のプロとして、お客さま一人ひとりに適切な資産形成をご提案させていただきます。

もし、現状の投資に不安、不満があれば、どうぞお声かけください。

本書が読者の皆さまにとって「成功」のきっかけになれば、著者としてこれほど嬉しいことはありません。

不動産投資の情報は常に移り変わるものです。当社が運営するオウンドメディア「不動産投資の嘘」にて最新情報を無料配信しております。ぜひ、ご覧ください。

不動産投資の嘘　公式サイト
https://daimlar.net

**大村昌慶**（おおむら まさよし）

1978年生まれ。CPM®（米国不動産経営管理士）、CCIM®（米国認定不動産投資顧問）、公認不動産コンサルティングマスター、宅地建物取引士、ほか保有資格多数あり。2000年より日本国内の不動産業界に身を置き、賃貸営業・賃貸管理・売買営業などを経験する。また個人投資家としても、2007年より自らの資産管理法人にて不動産投資物件を購入・運用する。その投資経験を広く知ってもらい、投資家と情報共有することを目的として、株式会社ダイムラー・コーポレーションを設立。投資不動産を中心に事業を展開し、国内・海外を問わず、不動産・資産管理・資産運用の提案や相談に応じ、信頼できる業界にするために「不動産業界を変える」ことを目標としている。

本書についての
ご意見・ご感想はコチラ

# 完全版 不動産投資の嘘

2023年3月24日　第1刷発行
2024年5月15日　第2刷発行

著　者　　大村昌慶
発行人　　久保田貴幸

発行元　　株式会社 幻冬舎メディアコンサルティング
〒151-0051　東京都渋谷区千駄ヶ谷4-9-7
電話　03-5411-6440（編集）

発売元　　株式会社 幻冬舎
〒151-0051　東京都渋谷区千駄ヶ谷4-9-7
電話　03-5411-6222（営業）

印刷・製本　瞬報社写真印刷株式会社
装　丁　　松崎理

検印廃止

ISBN 978-4-344-92807-7 C0033
幻冬舎メディアコンサルティングＨＰ
https://www.gentosha-mc.com/